中公新書 2207

松元雅和著

平和主義とは何か

政治哲学で考える戦争と平和

中央公論新社刊

はじめに

平和を愛さない人はいないだろう。だが平和主義となるとどうだろうか。一方で、文字どおり平和を何よりも重視する生き方であるとして、好感をもつ人もいるかもしれない。他方で、戦争の放棄や戦力の不保持など、現実味のない遠大なユートピア主義にすぎないとして、拒否感を覚える人もいるかもしれない。しかし、例えば自民党が二〇一二年四月に公表した日本国憲法改正草案でも、改定版第九条の二において「我が国の平和と独立並びに国及び国民の安全を確保するため」の国防軍の保持を規定しながら、同時に前文で平和主義の精神を継承することを謳《うた》っている。この案を支持するかどうかはさておき、国際関係の指針として、平和主義を掲げることが何を意味しているのか、いま一度考えなおしてみる必要があるのではないか。

一言でいえば、平和主義とは、暴力ではなく非暴力によって問題解決をはかろうとする姿勢のことである。しかしながら、その思想や実践は決して一様ではない。例えば、非暴力の原則はいついかなる場合でも、例外なしに貫徹されるべきだと考える者もいれば、それはあくまでも原則的指針にすぎず、例外的状況では暴力に訴えることもやむなしと考える者もいる。また、非暴力の原則をあらゆる場面に適用して、個人の正当防衛や警察力の行使すら否定する極端な主張もあれば、その原則を国際関係の場面に限定して、平和主義をもっぱら反戦の教えとして理解する主張もある。このように、平和主義という観念は、それ自体で必ずしも整合的ではない多様な含意をはらんでいるのだ。

その理由の一端は、平和主義の歴史的出自が多様であるという点にある。例えば、ある歴史家は反戦平和運動の思想的ルーツとして、キリスト教、社会主義／無政府主義、功利主義の三つを挙げている（Ceadel, *Pacifism in Britain, 1914-1945*, p. 13）。一方では、特定の宗教的信条から平和主義に至る人もいれば、他方では、特定の国家観や革命理論の一環として平和主義に至る人もいる。戦前の日本では、前者の代表が内村鑑三《うちむらかんぞう》、後者の代表が幸徳秋水《こうとくしゅうすい》である。さらには、イギリスの哲学者J・ベンサムのように、「最大多数の最大幸福」なる世俗的原理の追求から平和主義に行き着く場合もある。このように、平和主義は実質的に様々な思想の寄り合いとなっており、主義主張として統一されていない。

同じことは、平和主義に対峙《たいじ》する非平和主義にとっても当てはまる。これまで伝統的に平和主義の論敵となってきたのは、「戦争はときに正しく、ときに不正だ」と考える正戦論と、

「戦争の正不正を議論するのは無意味だ」と考える現実主義だった。そのどちらも国際関係論上で有力な学説であるが、意外なことに、平和主義・正戦論・現実主義の三《み》つ巴《どもえ》の状況を統一的に検討する試みは、国内外であまり見当たらない。さらに近年では、「人権侵害を阻止するための武力行使は正しい」と考える人道介入主義という立場が、非平和主義の論陣として新たに台頭しつつある。こうした論争状況を、あらためて整理しなおしてはどうだろうか。

これは、国民主権や基本的人権の尊重と並んで、平和主義を戦後憲法の基本原則として掲げる日本国民にとって、とりわけ重要な課題である。戦争の放棄や戦力の不保持を記した憲法第九条の是非は、改憲論争の中心的論点として戦後から今日までくすぶり続けてきた。わが国が将来にわたって平和主義を維持するかしないかは、国民が議論を重ねたうえで決めればよい。しかし、護憲派・改憲派を問わず、相手の主張をはじめから戯画化・歪曲《わいきょく》化して、一方的に棄却するのは公平ではない。現在の私たちには、国是として平和主義を掲げることが何を意味するのか、そして平和主義が非平和主義と比較してどれほど妥当なのかを冷静に見極める議論の土俵が必要なのである。

本書の目的は、非平和主義を含む他の学説との対話を通じて、平和主義の思想や実践を捉えなおし、国際関係の指針として、人々の支持を得られ、説得力のある平和主義のあり方を探ることである。具体的には、はじめに平和主義の多様なパターンを類型化したうえで、その主張を義務論および帰結主義という二つの対照的立場から評価し、平和主義のありうる姿を特定していく（第一～三章）。続いて、平和主義を批判する三つの非平和主義的立場を順に取り上げ、双方の主張を吟味するなかから、非平和主義ではなく平和主義を採用することの論拠を検討する（第四～六章）。最後に、要約と結論を交えながら、今後平和主義を掲げるにあたっての見通しを占ってみたい（終章）。

本書は、国際関係の指針となりうる平和主義のあり方を探るものであるが、タイトルが示すとおり、外交・防衛戦略の本ではなく政治哲学の本である。ここでいう哲学とは、決して深遠とか難渋とかを意味するのではなく、私たちの身近な知識やものの見方に名称を与え、体系立てることを意味する。哲学者のL・ウィトゲンシュタインは、「思考は、そのままではいわば不透明でぼやけている。哲学はそれを明晰にし、限界をはっきりさせねばならない」と言った（『論理哲学論考』五一頁）。目下の政治論議の重大性に鑑みると、これは迂遠《うえん》な回り道の作業に見えるかもしれない。しかし、感情論や水掛け論に陥ることなく、政治論議において理にかなった着地点を見出そうとするならば、思考の明晰化こそすべての出発点なのである。

目次

平和主義とは何か

政治哲学で考える戦争と平和

「戦は経験のない者には甘美だが、体験した者は
それが迫ると心底から恐怖を覚える。」
（ピンダロス『祝勝歌集／断片選』四一四頁）

第一章　愛する人が襲われたら——平和主義の輪郭

トルストイとラッセル

そもそも平和主義とは、どのような主義主張のことだろうか。はじめに、よく知られる二人の人物を紹介しよう。二人とも、十九世紀から二十世紀を代表するまぎれもない偉大な平和主義者である。

L・トルストイ——ロシアの文学者。敬虔《けいけん》かつ厳格なクリスチャン。若い頃の従軍経験を踏まえた戦争小説などで名声を博すが、後年は激しい政府・教会批判を交えた反戦作品を発表し、たびたび発禁処分を受ける。『懺悔《ざんげ》』が示すような精神的危機を経て、より一層信仰心を強くし、晩年は世事から離れ、田舎の質素な暮らしのなかで農業に従事しながら執筆を続ける。政治権力一般を拒絶し、無政府主義を唱道するが、M・バクーニンのような暴力革命には賛同せず、無抵抗主義を貫いた。

B・ラッセル——イギリスの哲学者。自称では無神論者であったという。若くして数学や論理学の分野で目覚ましい業績を上げるが、反戦平和運動に傾倒した結果大学の職を失い、その後は文筆と講演により生計を立てる。核兵器廃絶の「ラッセル＝アインシュタイン宣言」（一九五五年）や、アメリカの戦争犯罪を告発する「ラッセル法廷」（一九六七年）でも有名。第一次世界大戦に反対して一度目の、自国の核政策に反対して二度目の入獄を経験している。一九五〇年ノーベル文学賞受賞。

一見して、同じ平和主義者であるが、ずいぶんと対照的な一生を送った二人のように見えるかもしれない。一方のトルストイは内省的で、戦争と平和の問題を絶えず実存の問題として引き受け、自分の信仰の純粋さに専心する一生を過ごした。他方のラッセルは外交的で、同時代の政治・社会問題についていち早く発言し、世界中を飛び回って啓蒙《けいもう》活動に邁進《まいしん》する一生を過ごした。読者の方々は「平和主義者」なる人物像として、どちらの姿を思い浮かべるだろうか。

本章では、こうした多様な姿かたちをとりうる平和主義の輪郭を明確にするため、そのなかに幾つかの区別を立てていく。実のところ、平和主義には様々なバリエーションがありうるし、それに応じて戦争に対する態度も若干違ってくる。本章でははじめに平和主義の定義を概観したうえで、次にそのバリエーションを、強度と範囲という二つの観点から分類する。最後に、本書全体の分析視角として「絶対平和主義」と「平和優先主義」の区別を紹介したい。

1　定義と批判

平和主義とは何かを考えるにあたり、はじめに重要なことは、戦争よりも平和を愛好することをもって、平和主義の定義であるとするわけにはいかないという点である。もしそうであれば、平和主義を批判する者はすべて戦争愛好者だということになってしまう。しかし、例えば古代ローマの正戦論者アウグスティヌス（本書一〇五頁）が言うように、「よろこぶことをのぞまない者はだれもいないように、平和を得ることをのぞまない者はだれもいない」

(『神の国五』五六頁)。一般に戦争状態よりも平和状態を望むということは、当然ながら、決して平和主義者だけの専売特許ではないのである。そこで、平和主義を非平和主義から区別するためには、単に平和を愛好する以上の条件を示す必要がある。

非暴力手段の選択

それではあらためて、平和主義に固有の特徴とは何か。それは目的よりも手段によって定義される。すなわち、平和主義とは、平和的手段をもって平和という目的を達成しようとする主義主張のことである。オックスフォード英語辞典を引くと、平和主義 (pacifism) の項目には次のような説明がある――「平和的手段を、実行可能でかつ望ましい戦争の代替物とするという信念や主張のこと。紛争解決手段として、戦争やあらゆる形態の暴力行為を拒絶する一群の教説 (の信奉や主張)」。ここでいう「平和的手段」とは、要するに非暴力手段のことである。言葉による問題解決は、いかなる場合であれ腕力による問題解決よりも優先されるべきである。たとえそのことで、問題解決の可能性が遠ざかり、あるいは自分にとって不利の結果に終わるとしても、非暴力を貫くことには、それだけの価値と理由があるのだ。

これは、敵対者が一方的に暴力手段を用いてきたときにすら当てはまる。暴力に対して暴力で応答しないことが、平和主義の真髄である。そこで、平和主義を国際関係のレベルで捉えるなら、それは暴力手段としての戦争を否定する立場である、ということになる。たとえ他国から侵略を受けたとしても、武力に武力で応答するという選択肢をとらず、あくまでも外交努力や非軍事措置による解決を目指す。平和主義者は、侵略戦争はもちろんのこと、自衛戦争ですら原則として正当だとは認めないのだ。これは、自衛の必要性それ自体を否定しているのではなく、その手段の次元で戦争に代わる非暴力を要請しているのである。

ちなみに、語源的に見ると、「平和主義」（パシフィズム）との言葉が生まれたのは意外に新しく、今から一一〇年ほど前、一九〇一年の第一〇回世界平和会議（グラスゴー）において、E・アルノーが仏語で用いたのが最初であるらしい（Cortright, *Peace*, pp. 8-9）。ただし、これはあくまでも用語の問題であり、それ以前にも平和主義にあたる思想や実践は多様に存在した。また、後ほど触れるように、実はこの会議の時点でも、同じ言葉の内実には、複数の必ずしも一致しない潮流が含まれていた。筆者自身は、平和主義の立場をより正確に表す場合には、さらに別の二つの用語で呼び分けることが望ましいと考えているが、それについては本章の後半で取り上げることにしたい。

「愛する人が襲われたら」批判

さて、以上のように非暴力を掲げる平和主義者に対しては、しばしば典型的な批判が待ち構えている――家族や恋人が目の前で暴漢によって襲われようとしている場合でも、はたしてその信念を貫くことができるのか。もちろん、この問いは反語的である。平和主義者がどこまで非暴力の教えを徹底できるかを、究極的に試しているのだ。最初の砦《とりで》を崩すことができれば、後はドミノ倒しの要領である。もしその場合に暴力手段を容認するなら、なぜ同じ理由で祖国防衛のための戦争も容認できないのか。こうした批判を、アメリカの神学者J・H・ヨーダーにならって、「愛する人が襲われたら」批判と呼んでおこう。

ヨーダーは次のように言う（『愛する人が襲われたら？』一二頁）。

戦争と平和の問題について討論していると、ほとんどかならず出てくるお決まりの質問があります。「たとえば凶悪な男が銃を構えて、君の奥さんを……殺そうとしているとする。さあ、君はどうするかね」。神学校の倫理学の教授から徴兵委員会の委員までじつに多くの人が、この質問さえすればかならず平和主義者を降参させることができると思っているらしいのは、ふしぎなくらいです。もしここであなたが「奥さん」を守ろうとするなら、国を守るために戦争に行くのも当然だ、とその人たちは言うわけです。

こうした論法は私たちの直観に訴える。目の前で自分の愛する人が傷つけられているのを黙って見過ごすことは、大半の人にとってほとんど不可能な選択肢である。そこで、平和主義者がギリギリの選択として暴力手段を容認したとしよう。批判者からすれば、「それ見たことか、平和主義者の非一貫性や不誠実さを暴き出してやった」ということになる。結局、美辞麗句を並べたところで、現実離れした理想を貫くことなどできはしないのだ、と。

筆者の見立てでは、「愛する人が襲われたら」批判には幾つかのトリックが含まれている。しかし、この点を明らかにする前に、認識しておくべきことがある。それはすなわち、平和主義内部の非常な多様性である。その一方の極点には、個人の正当防衛も含めて、あらゆる場面で暴力に訴えることを拒絶する絶対主義的立場があるし、他方の極点には、暴力を差し控えるのは、それが全体として流血の惨事を避けるためにもっとも有効だからだと考える実用主義的立場もある。要するに、一口に平和主義といっても、そのなかには実に様々なバリエーションがありうるのだ。

そこで本章では、平和主義の多様性を二種類の観点から分類してみたい。はじめに、平和主義の強度——すなわち、その他の選択肢と比較衡量《こうりょう》して、非暴力にどれほどの重きを置くか——という観点から、無条件／条件付平和主義を区別する。次に、平和主義の範囲——すなわち、非暴力をいつどのような場面で適用し、あるいは適用しないか——という観点から、普遍的／私的／公的平和主義を区別する。面白いことに、これら二種類の補助線を引くことで、「愛する人が襲われたら」批判に対する答えが、平和主義の多様な思想や実践のあいだに自ずと浮かび上がってくるはずだ。

2　強度の面から考える

繰り返すと、「愛する人が襲われたら」批判の要点は、国家を（場合によっては戦争で）守ることを放棄するなら、それは家族や恋人を（場合によっては腕力で）守ることを放棄するのも同然だということだった。非暴力を掲げる平和主義者はジレンマに陥る。一方で、国策としての戦争を非難するなら、家族や恋人の危険をも黙って座視する臆病者だということになる。他方で、家族や恋人を力ずくで助ける決断をするなら、同時に戦争に賛成するのも当然だということになる。いずれにしても、平和主義者は自分の信念を貫徹できない。はたしてこの批判は妥当だろうか。

ここでは、無条件平和主義と条件付平和主義を区別することが肝要である。前者は、非暴力の教えが無条件に、いついかなる場合でも遵守《じゅんしゅ》されるべきだと考える。それに対して後者は、非暴力の教えが妥当しない例外的状況もありうると考える。もちろん、平和主義者である以上、原則として非暴力を尊重することは当然である。ここでの問題は、この原則を受け入れるかどうかではなく、どこまで貫きとおすか（とおせるか）という点である。

無条件平和主義

はじめに、非暴力の教えが無条件であるとは、文字どおり一〇〇パーセント、例外なしに非暴力を貫徹するということである。いついかなる場合であれ、紛争解決において戦争を含む暴力手段に訴えることは間違っている。非暴力を貫くことの帰結がどうなろうとも、暴力はそれ自体で悪であり、帰結とは無関係に否定される。たとえそれが破滅をもたらすものであろうとも、平和主義者には非暴力を貫徹する以外に選択肢がないというのだ。

　このように徹底かつ一貫した立場は、非暴力の教えに対するきわめて強い確信を必要とする。その一候補が宗教的確信によるものだろう。それゆえ、無条件平和主義が、キリスト教徒のような宗教的人物によって実践されることは不思議ではない。かれらにとって、非暴力は単なる一選択肢ではなく、真理そのものである。暴力に正解は決してなく、非暴力に不正解は決してない。非暴力から帰結するあらゆる事柄は、むしろそれが一層真であることを裏づけているのだ。例えば、トルストイは次のように言う（「わが信仰はいずれにありや」一五〇〜一五一頁）。

敵が戦争を挑んできたり、あるいは単に悪人が私を襲ったりする時、以前の私には、もし自分が自己防衛をしなければ、彼らはわれわれから掠奪《りゃくだつ》したり、われわれや隣人を辱かしめたり、苦しめたり、殺したりするように思われ、それが私には恐ろしかった。しかし今や、これまで私を困惑せしめていたすべてのものが、喜ばしいものに思われ、真理を裏づけてくれることになった。……キリスト教徒は真理を知らぬ人々の前にそれを立証するためにのみそれを知っているのである。しかもその立証は実行による以外にはなしえない。その実行とは戦争放棄であり、いわゆる敵味方の差別なしに人々に善を施すことである。

無抵抗主義と非暴力抵抗主義

キリスト教の話が出たところで、平和主義者が暴力ではなく非暴力を選択することの二つの含意について確認しておこう。ひとつは、非暴力が無抵抗を意図しているとの解釈であり、もうひとつは、非暴力が抵抗を意図しているとの解釈である。

はじめに、宗教的価値観に裏打ちされた平和主義は、ときに無抵抗を意味することがある（無抵抗主義）。すなわち、非暴力は、イエス・キリストの言葉「『目には目を、歯には歯を』と命じられている。しかし、わたしは言っておく。悪人に手向かってはならない」（マタイによる福音書五・三八〜三九）の実践であるのだ。相手に自分の一身を委ねることのシンボルとして、武器が投げ捨てられる。こうした無抵抗主義はときに賞賛されるべき立場であるが、それを実践するためには、キリスト教の贖罪《しょくざい》思想のような、犠牲に対する積極的な意味づけが必要になるかもしれない。

他方で、非暴力が無抵抗ではなく抵抗の一環として位置づけられる場合もある（非暴力抵抗主義）。この場合、敵対者を打倒するための数ある選択肢の一種として、暴力手段ではなく非暴力手段が用いられる。非暴力を貫くことにより、物理的暴力ではなく心理的圧力を通じて相手の言動を変えようとするのだ。目標はあくまでも邪悪や不正への抵抗や変革であり、非暴力そのものではない。

この種の平和主義は、インド独立の指導者M・ガンジーのサティヤーグラハ（真理の把持）の思想に見られる。ガンジーは、イギリスによるインド植民地支配を批判するために、「塩の行進」（一九三〇年）に代表される民衆の非暴力不服従運動を組織化し、遂に独立を勝ち取った。彼にとって、非暴力は戦うための手段であったのだ。いわく、「非暴力は……自らすすんで苦しみを甘受する。それは、悪をなす者の意志にいくじなく服従するのではなく、全心全霊をもって圧制者の意志に抗することを意味する」（『わたしの非暴力一』七頁）。ガンジーの思想は、戦後にアメリカで反人種差別運動を組織化したM・L・キング牧師にも多大な影響を与えている。

条件付平和主義

それでは次に、条件付平和主義の立場に移ろう。この立場は、非暴力を貫徹することの帰結がいかなるものであろうとも、それを絶対的に遵守せよという無条件の立場ではない。非暴力は原則であって、原則には例外が付きものである。この立場は、非暴力の教えをある種の偶然性に委ねる。例えば、非暴力を貫くことの被害が計り知れないほど甚大であるならば、その場合の状況を勘案して、個別的に暴力手段を用いることも、場合によっては容認しうる。

しかし同時に付け加えるべきは、大半の場合、暴力手段に訴えることは賢明な手段ではないということだ。それは、問題をより悪化させるだけかもしれないのである。例えば、暴力手段で対抗しても勝ち目がないかもしれない。暴力の応酬はエスカレートや将来の禍根を生み出すかもしれない。敵対者を残虐非道な存在と決めつけているだけかもしれない。ひょっとすると、侵略者はかれらではなく自分たちかもしれない。だから、紛争解決にあたって暴力よりも非暴力を選択することには、大半の場合、十分説得的な理由がある。

多くの平和主義者は、この条件付平和主義の立場をとる。例えばラッセルは、反戦平和運動に生涯を費やしたが、トルストイのような無条件平和主義者ではなかった。なぜなら、戦争の原則的禁止の例外として、ナチス・ドイツとの戦いは必要かつ正当であると考えていたからである。ヒトラーを野放しにすることとの巨悪は、非暴力の貫徹を許さないほど圧倒的に大きいものだった。この例外的状況下で、ラッセルにとっては戦争に訴えることが現実的な選択肢だったのだ。彼は当時を回顧して次のように言う（『自伝的回想』一〇頁）。

そのときも、後になってからも、私はあらゆる戦争が間違っているとは思わないのであって、非難したのはこの戦争であって、あらゆる戦争ではない。第二次大戦は必要と考えたが、それは戦争にかんする意見が変ったためではなく、時の事情が違っていたからである。

「愛する人が襲われたら」批判に答える①

さて、「愛する人が襲われたら」批判に立ち戻ろう。この批判では、究極の選択として自分の信念を放棄せざるをえない平和主義者の姿が描かれていた。しかしそもそも、どのような非現実的条件を突きつけられても、依然として自分の信念を保ち続けるような、筋金入りの無条件平和主義者というのは、平和主義者のなかでも実は少数派である。強い信仰心に裏打ちされた、トルストイのような例外的人物を除いて、多くの平和主義者は同時に、平和主義以外の顔ももっている。何らかの大義のために、きわめて限られた条件下で暴力手段を容認したとしても、原則としての非暴力を全面否定したことにはならない。

考えてみれば、この批判では数多くの例外的条件が設定されている。例えば、話の通じない暴漢であるにもかかわらず、本人はその男が何をしでかすかを完全に予測している。警察を呼べないほどの突然の襲来であるにもかかわらず、本人はその決意さえあれば暴漢を排除するだけの武器や腕力を準備している。ついでに、平時にその武器や腕力が攻撃的に悪用される恐れはまったくないことも暗黙に仮定されている。要するにこの批判は、平和主義者が最終的にその信念を放棄するまで、次々と条件を追加して逃げ道を塞いでいるだけなのだ。これが、「愛する人が襲われたら」批判に含まれる第一のトリックである。

「難事件は悪法をつくる」という諺《ことわざ》がある。原則の適用が困難な例外事例にあまりに固執していると、本来の主旨を歪め、原則全体をだめにしてしまうという意味である。数少ない例外事例をことさらに取り上げて、それを原則全体の瑕疵《かし》とするならば、非暴力のみならず、あらゆるルールや規範が成り立たなくなってしまうだろう。批判の状況設定は典型的というよりは例外的と思われ、問いの立て方として適切かどうかの疑問が残るし、いずれにしても、平和主義者の思想や実践が一〇〇パーセント非暴力にそぐわないからといって、その人を非平和主義者と同一視するのは乱暴な議論である。

3　範囲の面から考える

それでは次に、平和主義が適用される範囲に関して、より詳細な分類を行ってみよう。ここでは私的場面と公的場面を区別するのが有益である。私的場面とは、一人としてであれ集団としてであれ、人間が私人として考えたり行為したりする場面である。それに対して、公的場面とは、人間が政治的単位を形づくる何らかの集団として考えたり行為したりする場面である。例えば、家族や恋人を守るために個人武装することは私的範疇《はんちゅう》にあり、国民として戦争に賛成したり、参加したりすることは公的範疇にある。これらの場面を区別すると、表1のようなクロス表が描ける。

Aからりのうち、平和主義的要素を含む立場には以下三つのパターンがありうる。

表1　範囲から見た平和主義の分類

	非平和主義	平和主義
私的—	A	B
公的—	C	D

- 普遍的平和主義：私的にも公的にも平和主義の立場をとる（B＋D）
- 私的平和主義：私的には平和主義の立場をとるが、公的には非平和主義の立場をとる（B＋C）

• 公的平和主義：私的には非平和主義の立場をとるが、公的には平和主義の立場をとる（A＋D）

それぞれ順番に見ていくことにしたい。

普遍的平和主義

はじめに、普遍的平和主義とは、私的場面のみならず、公的場面においても非暴力を貫くという立場である。普遍的平和主義者にとって非暴力は公私を貫く一般原則であり、その対象がどこであろうと、誰であろうと一切の妥協を許さないのだ。一個人として、自分の愛する人が暴漢に襲われても暴力を用いてはいけない。それと同様に、政治集団の一員として、自国が他国に侵略されても武力を用いてはいけない。私たちは首尾一貫して、あらゆる形態の暴力行使を拒絶すべきなのだ。

例えばトルストイは、国家行為としての戦争は放棄されるべきだが、そもそも個人間の争いのレベルでさえ、暴力手段には決して訴えてはならないと言っている。暴漢といえども一人の人間であり、その人が悔い改めるかもしれない機会を永遠に奪うことは、キリスト教徒にとって罪である。トルストイは、たとえ強盗が自分の子どもに危害を加えようとしているときでさえ、その強盗を殺害することは誤っていると示唆する（「神の王国は汝らのうちにあり」一八〇頁）。これほどの決意で固められるなら、「愛する人が襲われたら」批判を向けられても、非暴力の砦が容易に崩れることはない。

私的平和主義

次に、私的平和主義とは、私的場面では非暴力を貫くが、公的場面では暴力手段を容認するという立場である。私的平和主義者の例としては、先に引用した古代ローマの神学者アウグスティヌスがいる。アウグスティヌスは、トルストイと同様、キリスト教の非暴力の教えに従い、私的場面においては暴力手段に訴えることが決して許されないと考える。実のところ、不当な暴力に対抗するための個人の自己防衛ですら、彼は正当であるとは認めていなかった（「自由意志」三三頁以下）。神学者のあいだで正当防衛の観念が明確に理論化されるのは、中世中期の神学者トマス・アクィナス以降である（本書四四頁）。

しかし同時に、原罪を背負ったこの世界の不完全な人間は、間違いを犯すことが多々ある。そこで政治権力に携わる者は、これらの人間に対する処罰と矯正の手段として、ときに必要悪としての暴力を用いざるをえない。罪人を罰することも、戦争を行うことも、その一種である。この場合、幾分ねじれた現象であるが、私人として平和主義者である人が、職業的に軍隊のような実力組織に所属することもありうる。実際、これこそ平和主義から出発した古代キリスト教が、従軍の必要に迫られて正戦論の論理を発明したとき、個々のキリスト教兵士のあいだで生じたことだった(本書一〇五頁)。

公的平和主義

最後に、公的平和主義とはどのような立場だろうか。公的平和主義者は、私的場面では非暴力に徹するわけではないが、公的場面での暴力手段は拒絶する。公的平和主義が禁止するのは、平和主義者が政治集団の一員として暴力を用いることである。逆にいうと、身の危険を感じた私人が自衛のためにやむをえない暴力に訴えることは、ここでは禁止されていない。すなわち、公的平和主義は、危険に陥った私人については暴力行使の余地を認めるのである。

ガンジーは、この点で公的平和主義者に含まれる。なぜならガンジーは、彼が指導したインド独立運動においてはアヒンサー(非暴力)を唱えながらも、私的暴力を必ずしも否定していないからである。例えば彼は、父親が瀕死《ひんし》の暴行を受けたときに、もし現場に居合わせたとしたら、自分は見殺しにすべきであったか、腕力に訴えて守るべきであったかと長男に尋ねられて、「暴力に訴えてもわたしを護るのが彼の義務《つとめ》である」と答えている(『わたしの非暴力一』五頁)。アウグスティヌスとは正反対で、ガンジーは公的場面と異なり、私的場面での暴力手段の可能性を否定していない。私的平和主義と公的平和主義は、暴力／非暴力の選択について、いわばたすきがけのような関係にある。

無政府主義と反戦主義

以上三つの立場のうち、普遍的平和主義および公的平和主義は、公的暴力に反対する立場（表1のD）をとっている。これはある種の不安を引き起こす。なぜなら、私的暴力に代わって、公的暴力を独占的に使用することこそ、近代国家の特徴であるからだ。ドイツの社会学者M・ウェーバーが定義するように、「国家とは、ある一定の領域の内部で……正統な物理的暴力行使の独占を（実効的に）要求する人間共同体である」（『職業としての政治』九頁、訳語は変更した）。近代国家は、その定義からして暴力と切り離せない。すると、公的非暴力という立場は、突き詰めれば近代国家の存在そのものを否定する立場に転じざるをえないかもしれない。例えば平和主義者は、通常の警察活動に含まれる強制力すらも否定するのだろうか。

実際、普遍的平和主義者のトルストイは、自分の平和主義的信念の論理的帰結として、一種の無政府主義を支持している。彼にとって、政府活動は、警察活動も含めて一切が暴力的であり、理想的には廃止されるべきである。彼の率直な言葉を借りれば、「真の意味でのキリスト教は国家を破壊する」(「神の王国は汝らのうちにあり」三〇四頁)。近代国家が刑罰や戦争を含む暴力的要素を内包せざるをえないのだとしたら、本来非暴力の教えであるキリスト教が、暴力装置である国家と交わることは永遠にない。彼にとって「キリスト教国家」とは端的に、「黒い白鳥」や「強制的ボランティア」と同類の語義矛盾である。

とはいえ、あらゆる平和主義者が無政府主義を支持するわけではない。暴力を忌避するからといって、警察活動をも廃止しようとする平和主義者は、現実的には少数だろう。公的暴力に反対すると言うとき、大半の平和主義者はもっと限定的なこと、すなわち国際関係における戦争を廃止する反戦主義のことを念頭に置いているのである。例えばラッセルによれば、「戦争というものが、警察による強制力の使用と異なっている点は、次の事実にある。つまり、警察の諸行動は中立的な権威によって命令されるに反して、戦争においては、暴力を始動させるのが紛争の当事者自身である、という事実なのだ」(「社会改造の諸原理」五一〜五二頁)。

戦争と警察にはどのような違いがあるだろうか。警察が依拠する「中立的な権威」にとって決定的なのは、ウェーバーの定義にある暴力行使の「正統性」の有無である。ある国家が別の国家に戦争を仕掛けるとき、前者の政府が後者の国民に対して、あらかじめ武器使用の同意を得ていることはありそうにない。それに対して、正統な政府は強制力を用いることの同意を、通常あらかじめ制定された法律を通じて国民から調達している。正統な政府が行う警察活動を容認する点で、ラッセルは反戦主義者であるが無政府主義者ではない。すなわち、戦争の廃絶を目指す反戦主義と、国家それ自体の廃絶を目指す無政府主義は、立場的にはまったく別物なのだ。

「愛する人が襲われたら」批判に答える②

それでは、「愛する人が襲われたら」批判に含まれる第二のトリックを明かしてみよう。この批判のポイントは、家族や恋人のような非常に私的かつ親密な関係に訴えることで、国家行為としての戦争を擁護しようとしている点にある。こうした私情に訴える論法は、論理や冷静な比較衡量を許さない働きをもっている。私的場面と公的場面が（故意に）混同されているのだ。しかしながら、普遍的／公的／私的平和主義の違いを踏まえるなら、この批判を突きつけられても、平和主義の非暴力の砦が次々とドミノ倒しのように崩れることはない。

第一に、たとえ私的場面での暴力を容認したところで、ただちに公的場面での暴力をも容認することにはならない。ガンジーのように、暴漢に対する私的暴力抵抗を認める一方で、政治運動としては非暴力を貫く立場もある。第二に、たとえ公的場面での暴力を容認したところで、ただちに戦争をも容認することにはならない。ラッセルのように、国内政策としての警察活動を受け入れる一方で、対外政策としての戦争には反対する立場もある。批判のトリックを見破ることができれば、反論はさして難しいことではない。

要するに、公的平和主義者（反戦主義者）が、「愛する人は力ずくで助けるが、国策としての戦争には依然として賛成できない」と答えることは、必ずしも矛盾していないということだ。むしろ、この答えはきわめて整合的である。一方で、私的レベルの暴力抵抗では、目的と手段、理由と結果が明瞭に連結している。他方で、公的レベルの暴力抵抗はそうではない。軍隊に参加したからといって、自分の家族や恋人を守るために働くわけではない。その意味では、「愛する人が襲われたら」批判を向けられて、家族や恋人を力ずくで守るべきか否かといった私的な葛藤を、平和主義者がそもそも感じる必要はないのだ。

4　平和主義の二類型

以上、非暴力の強度と範囲の二つを補助線としながら、平和主義の多様な姿を概観してきた。こうしてみると、一口に平和主義といっても、そのなかには実に様々なバリエーションがあることが分かるだろう。「愛する人が襲われたら」批判は、これらのバリエーションを区別しないことから生まれる作為的な擬似問題にすぎない。確かに、平和主義者の眼前には、答えるべき真正の問題がまだまだ残っている――それに答えるのが次章以降の課題である――が、さしあたりこの批判については、平和主義の内実を仔細《しさい》に分類していくなかで、自ずと答えが出たものと考えよう。平和主義者は、「愛する人が襲われたら？」と詰問されたところで、降参する必要はまったくない。

ところで、以上の分類をあらためて眺めてみると、そのなかに大別して二種類の傾向を見てとることができるかもしれない。一方を体現するのはトルストイで、より実存的・宗教的・革命的な性質をもっているのに対して、他方を体現するのはラッセルで、より実利的・世俗的・改良的な性質をもっている。本章では最後に、これら二つを「絶対平和主義」と「平和優先主義」と呼び分け、次章以降で平和主義の妥当性を検討する際の手がかりとしたい。

絶対平和主義とそのルーツ

絶対平和主義と平和優先主義の区別は、一部の類似した分類を除き（久野収「二つの平和主義」）、これまでわが国ではあまり一般化していないが、現在の平和主義研究でしばしば参照される重要なカテゴリーである。私見では、従来の平和主義をめぐる議論の混乱の多くは、これら二つが混同されることから生じていると思う。さらに、これは決して便宜的な区別ではない。発展史的に見れば、平和主義の多様な思想や実践のあいだには、以上の区別に基づく比較的はっきりとした一線を引くことができるのである。

はじめに、絶対平和主義（パシフィズム）とは、個人的信条としての非暴力の教えである。言い換えれば、それは本人の生き方の次元で試されるものであり、政策や制度の次元には必ずしも直結しない。絶対平和主義者の最優先課題は、あくまでも自己の内面的良心に忠実であることに置かれる。良心的兵役拒否がその代表的な運動形態である。論者におおむね共通した特徴は、強度の面で非暴力の教えを無条件に尊重し、また範囲の面でそれを公的場面でも私的場面でも等しく適用する。こうした主張は、晩年のガンジーにも見られるが、何といってもトルストイがこの種の平和主義の典型である。例えば、彼は次のように言う（「神の王国は汝らのうちにあり」二九七頁）。

政府に誓うことを欲せず、税金を払うことも、裁判や兵役に参加することも欲しない数十人の……拒否のような、こうした現象の中にどんな重要性があろう、と思われよう。これらの人々は処罰され、流刑にされ、そして生活は旧態依然としてつづいてゆく。こうした現象にはなんら重要なことはないように思われよう。ところがこれらの現象こそ、他のなにものにもまして国家権力をゆるがし、人々を解放する準備をしているのだ。

絶対平和主義のルーツは、宗教とくにキリスト教である。キリスト教は非暴力と無抵抗主義の教えとして誕生したが、その後アウグスティヌスを契機として、中世のあいだ平和主義というよりは正戦論の様相をもつようになった（本書第四章第1節）。それが再び生成期以来の絶対主義的な姿かたちをとるようになったのは、宗教戦争の惨禍を経た近代以降である。ブレザレン、メノナイト、クエーカーといった、今日まで続くいわゆる歴史的平和教会の宗派がヨーロッパで次々に生じ、勢力を広げていった。アメリカのペンシルバニア州でクエーカーのW・ペンが始めた、「聖なる実験」とその挫折の事例はよく知られている（本書一三〇頁以下）——もっとも、その州名は彼自身ではなく彼の父親に由来しているが。

平和優先主義とそのルーツ

次に、平和優先主義（パシフィシズム）とは、政治的選択としての非暴力の教えである。それは制度や政策の一種であって、個人の生き方に直接関わる問題ではない。そこで平和優先主義者の運動は、孤立無援のまま個人的信条を貫くものよりも、政治活動や啓蒙活動を通じて社会全般の変革を訴えるものとなる。論者はおおむね共通して、強度の面で非暴力の原則に何らかの例外を認める場合があり、また範囲の面で平和主義を公的平和主義（反戦主義）

の教えとして理解する。本章で繰り返し参照してきたように、ラッセルの平和主義はこのタイプに含まれる。

絶対平和主義がそのルーツを、古代ローマのキリスト教の誕生にさかのぼるのに対して、平和優先主義のルーツは比較的新しく、明確な運動のかたちをとるのは十九世紀に入ってからである。具体的には、ナポレオン戦争と米英戦争の終結を経て迎えた一八一五年以降に、英米両国で相次いで反戦平和を掲げる協会が設立され、一八三〇年までには全国規模の組織に発展した。また平和主義者は、これらの運動と並んで、一八四〇年代に当時ヨーロッパで盛んであった自由貿易運動と合流しながら、各種の平和会議を組織して政治的影響力を拡大し、一八六〇年代以降は社会主義運動とも連携を深めていった（表2）。

こうした反戦平和運動に参加した人々は、教義の遵守や伝道といった宗教的動機から逸脱する世俗的動機に（も）基づいていた。実際、運動の指導者の多くは、聖職者や神学者ではなく、政治家であったり退役軍人であったりした。それどころか、一部の社会主義者のように、反宗教を唱える者さえいる。こうした、従来の宗教的運動に収まらない十九世紀以降の新しい反戦平和運動の傾向を指して、歴史家は「pacifism」に代わる「pacificism」という言葉をあてたのである（テイラー『トラブルメーカーズ』第二章註一四、ただし邦訳では区別されていない）。

表2　19世紀以降の反戦平和運動

年	名　称
1815	ニューヨーク平和協会（設立者D・ドッジ）
	マサチューセッツ平和協会（設立者N・ウースター）
1816	恒久世界平和促進協会（ロンドン、共同設立者W・アレン）
1828	アメリカ平和協会（設立者W・ラッド）
1843-53	国際平和会議International Peace Congress
1864-76	国際労働者協会（第1インターナショナル）
1867	国際恒久平和連盟Ligue Internationale et Permanente de la Paix（パリ、設立者F・パシー）
	国際平和自由連盟Ligue Internationale de la Paix et de la Liberté（ジュネーヴ、指導者C・ルモニエ）
1880	国際仲裁平和協会（設立者H・プラット）
1882	デンマーク中立促進協会（設立支援者F・バイエル）
1883	スウェーデン平和仲裁協会（共同設立者P・アルノルドソン）
1889	列国議会同盟（設立者W・R・クリーマー、F・パシー）
1889-1914	第2インターナショナル
1889-1939	世界平和会議Universal Peace Congress
1891	オーストリア平和協会（設立者B・V・ズットナー）
	国際平和ビューロー（1910年ノーベル平和賞受賞）
1892	ドイツ平和協会（設立者A・H・フリート、B・V・ズットナー）
1899/1907	ハーグ平和会議
1906	大日本平和協会（初代会長江原素六）
1910	カーネギー国際平和財団（初代会長E・ルート）
1914	民主管理同盟（指導者E・D・モレル）
1915	婦人国際平和自由連盟（初代会長J・アダムズ）

出典：筆者作成

平和優先主義は、キリスト教と相容れないものではないが、それとは明らかに異なる新しい思想的ルーツをもっていた。第一のルーツは、市民的自由の促進を掲げる自由主義である。とくに、反穀物法同盟（一八三九～四六年）で有名なイギリスのマンチェスター学派は、開かれた自由貿易と経済交流の深化が各国間の紛争の火種を和らげることを熱心に説いていた。現在の国際関係論でいうところの相互依存論を髣髴《ほうふつ》とさせるような、自由主義に基づく平和主義の思想は、十七世紀にヨーロッパ統合構想の先駆けを提案したE・クルーセにさかのぼることができる。

第二のルーツは、「最大多数の最大幸福」を掲げる功利主義である。十八世紀末にイギリスの哲学者J・ベンサムが体系化した功利主義思想は、右記の自由主義と、人物的にも思想的にも相当の面で重複しながら、平和主義の合理的正当化に一役買った。例えば、ベンサムの友人でJ・S・ミルの父親としても知られるジェイムズ・ミルは言う、「何物も、戦争の破壊を償うことはできない。個々人の創造的な努力は、戦争の巨大な消費にはけっして及ばないし、また繁栄の種子は、食いつくされてしまうのである」（『商業擁護論』一四〇頁）。ほとんどの場合、戦争は国民の幸福に役立たないどころか、その第一の敵である。功利主義者たちは、それゆえ当時の反戦平和運動の強力な支持母体となったのだ。

第三のルーツは、貧困や格差の解決を掲げる社会主義である。一方で、マルクス主義の主流派は、はっきりとある種の非平和主義を打ち出していた。例えば、ロシア革命の指導者レーニンは、資本主義が不可避的に招く帝国主義戦争とは異なり、抑圧者に対する被抑圧者の闘争は正しい戦争であると明言している（「社会主義と戦争」三〇六～三〇七頁）。他方で、社会主義の他の一派は、革命的武装闘争よりも漸進的社会改革による労働者階級の解放と、その国際的連帯による反戦平和の実現を唱えた。社会主義に基づく平和主義者には、ラッセルのほか、フランス社会党の創設者J・ジョレスや、イギリス労働党の初代党首K・ハーディといった高名な政治家も含まれる。

国際関係論に詳しい方であれば、以上の平和優先主義のリストが、イギリスの歴史家E・H・カーが名著『危機の二十年』でユートピア主義として批判した一連の立場と大幅に重なっていることに気づかれたかもしれない。これは実際そのとおりである。「ユートピア主義」というレッテルには、現実主義者にとって否定的な響きがある――確かに立派で大層なご高説だが、しかし結局は机上の空論や夢物語にすぎない、といったような。しかしこの評価ははたして妥当だろうか。本書のねらいは、これまで現実主義のいわば虚焦点となってきたユートピア主義を、平和主義の一派としてあらためて見なおし、その論証上の力を探ってみることである。この点については、終章で振り返ってみたい。

本書の立場

さて、本章の検討を踏まえて、読者の方々はトルストイとラッセルのどちらにより共感を覚えただろうか。その人物を見れば、どちらも十分に偉大な平和主義者である。しかしこの二人、一見すると反戦平和を唱える点でほとんど一緒であるようだが、細部においては際立った対照をなしている。例えば、トルストイは熱心な宗教家だが、ラッセルは唯物論的無神論者である。トルストイはあらゆる戦争に反対したが、ラッセルは第二次世界大戦に賛成した。トルストイは無政府主義者だが、ラッセルの主張は反戦主義に留まる。平和主義とは、こうした多様な人物を包含するかなり幅広い概念なのだ。

わが国の場合、どちらかといえば、これまでトルストイ型の平和主義の方が有名だったのではないだろうか。そこで、さしあたり重要なことは、平和主義の思想や実践には、ラッセル型のあり方も存在すると認識することである。逆にいえば、平和主義は従来必ずしもそう呼ばれてこなかった、さらに多くの立場を包含しうるということだ。本書では前者を「絶対平和主義」、後者を「平和優先主義」と名づけた。平和主義を宗教的ルーツをもつ一部の主張に還元するなら、平和優先主義を含む平和主義の多様な可能性を狭めてしまうことになる。

国際関係の指針になりうる平和主義の見込みは、以上のうちどちらの方にあるだろうか。個人的信条としての非暴力の教え（絶対平和主義）を、直接対外政策に反映させようとするならば、一国民全体の価値観をトルストイ流に大幅に変更する必要がある。もちろん、個々の説得の試みは、貴重であり望ましいことかもしれないが、現今社会の価値観の多様性を踏まえ、本書では主として、政治的選択としての非暴力の教え（平和優先主義）の方を中心的に検討することにする。これは、ともかく何かの問題を論ずるにあたって不可欠な、筆者なりの立場表明なのだと捉えてほしい。

絶対平和主義ではなく平和優先主義に軸足を置くことは、非平和主義への後ろ向きな譲歩と見られるかもしれない。社会一般に受け入れられようとして、非暴力の強度や範囲にあらかじめ限定を設けるのは、思想として弱腰すぎるというわけである。しかしながら、私たちにとって非暴力は、確かに重要な価値だが唯一の価値ではない。そして、もしすべての価値が一挙に実現できるなら、そもそも政治という営みは不必要だろう。政治とは常に、必ずしも相容れない諸価値の交渉と取引を通じて成立する（拙稿「政治哲学における実行可能性問題の検討」）。それゆえ、たとえ主張の全部ではなくとも一部が実現されるなら、それ自体政治の世界では意義あることなのだ。

本章の最初に立ち戻ると、平和主義とは非暴力の教えであり、国際関係の指針としては、自衛戦争も含む戦争一般に原則として反対することである。しかし先述のとおり、多くの平和優先主義者は同時に、この原則に何らかの例外があることも認識している。そこで、非平和主義者を含む私たちにとって一番の興味は、平和主義者が非暴力の教えに固執するのはなぜか、にもかかわらず、その固執をときに止めるのはなぜかという点である。本書では以降の二章で、倫理学の主要学説である義務論（戦争の殺人は許されるか）および帰結主義（戦争はコストに見合うか）と照らし合わせながら、平和主義が依って立つ論理の仔細を確認していきたい。

第二章　戦争の殺人は許されるか――義務論との対話

セネカの問い

平和主義者にとって、暴力とくに戦争に反対する理由は明々白々である。戦争は殺人であり、そして殺人は罪悪であるからだ。戦前日本の平和主義者内村鑑三が言うように、「戦争は人を殺すことである、爾《しこ》うして人を殺すことは大罪悪である」（『萬朝報《よろずちょうほう》』一九〇三年六月三十日付）。これら二つの命題にあえて異を唱える人はいるまい。しかし、それでも疑問は残る。戦争が殺人であり、殺人が罪悪であるとしても、戦争は常に罪悪なのだろうか。もしそうだとすれば、文明国の政府によって、戦争はなぜ即刻禁止されないのだろうか。あまつさえ、戦争＝殺人＝罪悪に賛成する言説が公共でまかりとおるというのは、一体どういうことだろうか。

ここには明らかな非対称性がある。どのような文明国であれ、殺人を禁止するための何らかの法律をもっている。ところが同時に、大半の国では従軍が職業の一種になり、一部の国では国民の義務の一種にさえなっている。殺人という要素にスポットを当てると、戦争は非常に特異な行為である。一方で国家は、国内的には武器の使用を禁じ、殺人を取り締まり、殺人犯を厳しく罰する。他方で同じ国家は、国際的には武器を手渡し、殺人を許容し、推奨し、要求しさえする。

古代ローマの哲学者セネカは問う、「私たちは、人殺しや個別の殺傷事件は抑止しようとするが、戦争や民族全体の虐殺という名誉ある罪はどうだろうか。……ひそかに犯せば死刑になるような罪も、軍司令官の外套をまとった人物が行えば私たちは賞賛する」（『倫理書簡集II』一八三頁）。個人が行う殺人と国家が行う戦争の非対称性はあまりにもありふれているので、通常あえて疑問が向けられることはない。しかし、殺人という共通要素について突き詰めて考えていけばいくほど、この問いに対する答えは自明のものではなくなる。

本章の目的は、セネカの問いに今一度真面目に取り組むことである。すなわち、個人の殺人は禁止されるのに、国家の戦争はなぜ禁止されないのだろうか。殺人を禁止する原則には、どのような例外があるのだろうか。その例外は、戦争の殺人を免責するほど強いものだろうか。要するに、戦争が殺人であり、殺人が罪悪であることに同意しておきながら、同時に戦争に賛成することなど、論理的にありうるのか。

本論に入る前に一言。本章では、いついかなる場合に殺人が免責されるかという問いを扱っている。この問いは哲学や倫理学の分野で相当の議論の蓄積があり、筆者もそれらを踏まえて慎重に論述を行っている。ただし、個人的・政治的その他の理由で、こうした問いを問うことそれ自体が、不謹慎で耐えがたいと感じる方々もいるかもしれない。その場合は本章を読み飛ばして頂いても構わない。

1　非暴力の義務論的論拠

倫理学の例題に、「なぜ人を殺してはいけないのか」という問いがある。答え方は様々にありうるが、そのひとつは、端的に「悪いものは悪い」と言って済ませることだ。殺人を禁止する律法は、モーセの十戒「殺してはならない」(出エジプト記二〇・一三、申命記五・一七)をはじめとして、世界中に無数に見つかる。かりに殺人の罪悪に何かもっともらしい理由を付したところで、屋上屋を架すようなものだろう。他人に銃口を向けることにためらいを感じない普通の人間がいるだろうか。「殺してはならない」という戒律は、それ以上の問いかけを許さない感覚的な重みをもっている。こうした重みに支えられた倫理学説を、一般的に帰結主義と区別して義務論という。

義務論とは何か

義務論とは、ある行為の正しさを、その行為それ自体から判断する考え方である。逆に帰結主義とは、ある行為の正しさを、その行為によって引き起こされた事態から判断する考え方である。「なぜ人を殺してはいけないのか」と問われた場合、その問いに対する帰結主義者の答えは、「その殺人が何らかの点で、全体として事態を悪化させるから割に合わない」というものだ。それに対して義務論者は、たとえそれが幾多の有利な帰結をもたらそうとも、その性質に鑑みて、殺人という行為それ自体を忌避する。どのような言い訳も通用しない。殺人を回避することは、何者か——神であれ、自然であれ、理性であれ——が私たちに端的に命じる無条件の義務なのだ。本章では、このように殺人を禁止する原則を、生命医療倫理学の用語を借りて〈無危害原理〉と呼んでおく（ビーチャム／チルドレス『生命医学倫理』一四三頁）。

義務論と帰結主義の違いを際立たせるため、ひとつの思考実験を行ってみよう。ハーバード大学教授M・サンデルの著作によって、人口に膾炙《かいしゃ》した「暴走する路面電車」の例（専門的には「トロリー問題」と呼ばれる）を知っている人も多いだろう（『これからの「正義」の話をしよう』四一〜四二頁）。

ケース1　あなたは路面電車の運転士で、時速六〇マイル（約九六キロメートル）で疾走している。前方を見ると、五人の作業員が工具を手に線路上に立っている。電車を止めようとするのだが、できない。ブレーキがきかないのだ。頭が真っ白になる。五人の作業員をはねれば、全員が死ぬとわかっているからだ（はっきりそうわかっているものとする）。／ふと、右側へとそれる待避線が目に入る。そこにも作業員がいる。だが、一人だけだ。路面電車を待避線に向ければ、一人の作業員は死ぬが、五人は助けられることに気づく。／どうすべきだろうか？

ケース2　今度は、あなたは運転士ではなく傍観者で、線路を見降ろす橋の上に立っている（今回は待避線はない）。線路上を路面電車が走ってくる。前方には作業員が五人いる。ここでも、ブレーキはきかない。路面電車はまさに五人をはねる寸前だ。大惨事を防ぐ手立ては見つからない——そのとき、隣にとても太った男がいるのに気がつく。あなたはその男を橋から突き落とし、疾走してくる路面電車の行く手を阻むことができる。その男は死ぬだろう。だが、五人の作業員は助かる（あなたは自分で跳び降りることも考えるが、小柄すぎて電車を止められないことがわかっている）。／その太った男を線路上に突き落とすのは正しい行為だろうか？

これら二つのケースにおいて、義務論者と帰結主義者の意見は鋭く対立する。一方で帰結主義者は、いずれのケースにおいても、五人の死と一人の死を比較したうえで、よりましな帰結として、一人を犠牲にして五人を助ける選択肢をとるだろう。他方で義務論者は、生存者あるいは犠牲者の数が行為の評価に影響を与えるとは考えない。たとえ五人を助けるためとはいえ、一人の無辜《むこ》の命を犠牲にする行為は、依然として一個の殺人であり、それゆえ道徳的に間違っている。もちろん何もしなければ、五人が犠牲になる。しかしその事実が、一人の殺人という行為を免責することは決してない（とはいえ、ケース1の殺人に限っては、実は義務論の枠内でも免責される余地がある。それについては後に言及したい）。

「正義をなせ、たとえ天が落ちるとも」

義務論をもっとも明確に擁護したのは、ドイツの哲学者I・カントである。カントの義務論は、J・ベンサムに代表される帰結主義への違和感から始まる。殺人を原則として禁止することも自体は、おそらく大半の帰結主義者も結果的に受け入れる。問題は受け入れる理由である。帰結主義者に言わせれば、その理由は、殺人を禁止することが回り回って最善の帰結を生み出すからだ。しかし、カントに言わせれば、帰結主義者は答えが正しくても理由が間違っている。私たちの道徳判断は、こうした個別の事情に依存するものではないからだ。

それでは、私たちの道徳判断はどのような理由に基づくべきなのか。それは端的に、殺人という行為それ自体を善悪あるいは正不正として指し示すような理由である。殺人が悪いのは殺人が悪いからだ、それ以外に答えようはない。それ以上の理由を付け足そうとしても、本来の道徳から離れていくばかりである。こうした行為の理由づけを、カントは定言命法と呼んだ。「定言命法は、行為の実質や、その行為から生ずるところの成果にかかわりなく、まったく行為の形式と、行為自体をその結果とするところの原理とに関する」（『道徳形而上学原論』七四頁、訳語は変更した）。

定言命法を構成する道徳原則とは、具体的にどのようなものだろうか。カントはそれを、数学のように、経験的ではなく先験的（ア・プリオリ）な知識と見なしている。先験的な知識とは、人間が理性を働かせて発見するものであり、経験を通じて捻出するものではない。殺人を禁止する〈無危害原理〉は、「平行線の同位角は等しい」という知識と同じくらい、理性的な人間にとっては自明かつ確実な知識である。いつどこで誰が平行線を描いても同位角が等しくなるように、〈無危害原理〉は、いつどこで誰であっても無条件に当てはまる。

こうした先験的な道徳原則の存在は、それを否定すると矛盾が生じてしまうことを示すこと（一種の背理法）によって証明される。カントはそのことを、次の形式によって提示した――「君は、君の格律が普遍的法則となることを、当の格律によって同時に欲し得るような格律に従ってのみ行為せよ」（同八五頁）。以上の定言命法の形式は、第一に特定の行為が規則（カントの言葉では「格律」）に従っていること、第二にその規則が普遍化可能であることを要求している。楽しみのための殺人は許されるだろうか。もちろん許されない。なぜなら、そうした行為を支える規則が普遍化可能であることなど、およそありそうにないから。快楽殺人犯も、自分自身が快楽殺人の犠牲者になることは望まないだろう。要するに、私たちは自己矛盾に陥らずに、殺人を肯定することなどできないのである。

五人を助けるために一人を犠牲にすることはどうか。これは単純な殺人行為ではないので、問題はより複雑であるが、しかし結論は同じである。一人を犠牲にする行為は、依然として殺人の一種であり、結果とは無関係に、無条件に禁止される。帰結を考量して原理を曲げるのは、計算結果が合わないからといって数学の定理を改変するようなものだ。現実の人間が従うかどうかはともかく、道徳原則それ自体は、こうした経験世界の出来事から超越して、先験的に定まっている。それゆえ道徳的でありたければ、ともかく「正義をなせ、たとえ天が落ちるとも」――これがカントの掲げるスローガンである。

正当防衛による行為の免責

殺人を禁止する〈無危害原理〉は、今日道徳的のみならず法律的にも、ほぼあらゆる文明国で原則化されている。この原則に反した者は、道徳的に非難されるだけではなく、法律的に処罰の対象となるだろう。しかし、だからといって〈無危害原理〉をただひたすら厳守することは、大半の人々にとって厳しすぎるように思われるかもしれない。例えば、強盗犯に襲われ、自分の身を守るため、正当防衛を試みた結果、その強盗犯をやむなく殺害してしまうこともありうる。私たちは自分の命と引き換えにしてでも、〈無危害原理〉を厳守すべきなのか。ただひたすら義務の絶対的履行を課すカントの主張は、簡単に受け入れられる選択肢ではない。実際、わが国では正当防衛によるやむをえない行為を免責することが、法律的に認められている（刑法第三六条）。

急迫不正の侵害に対して、自己又は他人の権利を防衛するため、やむを得ずにした行為は、罰しない。

正当防衛の観念は、古代ローマに由来する自然法の第一原理（自己保存の法）にまでさかのぼることができるが、キリスト教の文脈でそれを理論化したのは、中世中期の神学者トマス・アクィナスだった。トマスは言う、元来非暴力の教えに従うキリスト教徒にとって、人命を奪うという行為は一種の罪である。ただし、行為の性質と意図の性質を区別するならば、ある場合には殺人という行為を免責することができる。すなわち、その行為者が自分の身を守るという単一の意図に基づき、その意図せざる偶然の結果として殺人を犯した場合である（『神学大全一八』一八一頁）。トマスの学説は、正当防衛による意図せざる殺人にかぎり、それを免責することを教義的に可能としたのだ。

実際、正当防衛によるやむをえない暴力行使すら許さない義務論者は、トルストイのような一部の絶対平和主義者を除いて、おそらく少数である。例えばカント自身も、不正な侵害を受けた場合に個人が行う正当防衛の余地も、国家が行う自衛戦争の余地も、少なくとも法的問題としては明示的に認めている（『人倫の形而上学』五四、一九七頁）——それゆえカント本人は、本書第一章第4節で定義したところの絶対平和主義者ではない。それではなぜ、正当防衛による行為は免責されうるのだろうか。思うに、こうした正当防衛のケースで、〈無危害原理〉のハードルを下げる理由は二つある。第一は権利に訴える理由であり、第二は責任に訴える理由である。次節以降では、権利と責任の観念がなぜ殺人を免責するのか、さらにそれが戦争の殺人にも適用可能かどうかを問うてみたい。

2　生存権に訴える

第一に、私たちは権利の観念に訴えることで、正当防衛による行為は免責されると考えるかもしれない。しばしば「権利義務関係」と総称されるように、ある種の義務はそれに対応するある種の権利を伴うと考えられている。誰かの財産を侵害しない義務があるとすれば、それは誰かがその財産に対して権利をもっているからだ。同様に、誰かの生命を侵害しない義務があるとすれば、それは誰かがその生命に対して権利をもっているからだ。もちろん、生命はそれ自体で、権利うんぬんとは無関係に、価値をもち尊重されるべきかもしれない。ただし、自然法のような超越的な規範体系が自明視されなくなった今日では、より身近な権利の存在を通じて、義務の存在を確認することが一般的である。

ナーヴソンの批判

こうした観点から、哲学者のJ・ナーヴソンは、暴力一般に反対する平和主義が、混乱し矛盾しているとして批判する（Narveson, "Pacifism"）。批判のポイントは以下のとおりである。

- 各人は自己の生命に対する不可侵の自然権をもっている
- 生命に対する権利は、生命が脅かされた場合にそれを（必要なら力ずくで）排除する権利をも含意する
- しかしながら、平和主義者は第一の命題を肯定しておきながら、第二の命題を否定する
- したがって、平和主義者は矛盾している

平和主義者が暴力を忌避する心情は分からなくもない。人命は誰にとっても尊いものであり、無意味に失われてはならないからである。しかしながら、あらゆる暴力を回避することで人命を尊重できると考えるのは早計である。なぜなら、正当防衛の場合のように、人命の尊重それ自体が暴力行使を要求する場合もありうるからだ。しかるに、非暴力を掲げる平和主義者は、人命を尊重すると言っておきながら、同時にその人命が脅かされているのを座視するほかない。これは論理的にまったく首尾一貫していない。

具体的に考えてみよう。強盗犯Aが被害者Bの命を脅かしているとする。BがAの脅しを取り除くための唯一の手段は、たまたま手元にあった武器でAの命を逆に脅かすことである。

その場合、Bの生存権は、Aからの脅しを力ずくで排除し、ときにAの命を逆に脅かす権利をも含意する。結局のところ、権利侵害をただ黙って甘受するしかないなら、その権利は絵に描いた餅でしかないだろう。命を脅かされているまさにその瞬間に、唯一の自衛の武器を取り上げるならば、結局その命は尊重されたことにはならないのである。

これを国際関係に適用すると、以下のようになる。明白に他国から仕掛けられた戦争の場合、その戦争で生じた殺人は正当防衛として免責される。なぜならその場合の殺人は、国家の自衛行為の一部であるからだ。敵国はわが国の国土を武力で侵害している。わが国の領土と主権を保全するためには、わが国も武力に訴えるしかない。結果的に敵国民を殺害することになるかもしれない。しかし、だからといってなぜ責められるいわれがあるのか。逆に、徒手空拳のままでどのように身を守れというのか。殺人のライセンスは、国家自衛権という観念それ自体に含まれているのである。

生存権は何でもありか

確かに、生存権の一部としての正当防衛という発想は馴染み深いものである。国内法でも、急迫不正の侵害に対する対抗措置の結果として相手を傷つけることは、免責の理由になりうる。しかし、ここで注意しなければならない。なぜなら、「権利をもつということは、それを守るために必要なことをする権利をも含意する」というナーヴソンの主張は、実は無制限に妥当するものではないからだ。ある事柄に権利をもつからといって、それを守るために何をしても構わないわけではない。なぜなら、当然ながら、自分に権利があるように、他人にも権利があるからである。

別の簡単な例で考察しよう。引き続き、強盗犯Aが被害者Bの命を脅かしているとする。しかし今度は、Aは自分の幼い娘Cをそばに連れている。BがAの脅しを取り除くための唯一の手段は、Aの幼い娘Cに武器を突きつけてその命を脅かすことである。Cの命を奪わなければ、逆にBの命が奪われることはほぼ確実であるとしよう。正当防衛の観念に照らして、はたしてBが、Cの命を脅かすことは許されるだろうか。Bの生存権は、Aの犯罪とはまったく無関係なCの命を脅かす権利をも含意するだろうか。

もちろん、そのようなことはない。なぜなら、Cもまた自分自身の生命に対して不可侵の自然権をもち、Bがそれを好き勝手に侵害することはできないからだ——あるいはその場合、正当防衛を行使されても仕方ないのはB自身である。同様に、お腹が空いて死にそうだからといって、通りがかりの店の商品を盗んでよいわけではない。財布に一銭もなくて心底困っているからといって、他人の財布を奪ってよいわけでもない。これが意味していることは、ナーヴソンが言うところの生存権の追求は、決して無制約ではないということだ。

権利から責任へ

被害者Bが強盗犯Aの命を脅かすことが免責されるのは、その状況を生み出したことに関してAに責任があるからである。BにAの命を脅かすことを強いたのは、結局のところ最初にBの命を脅かしたA自身である。殺人の罪科は、もしあるとしても、BではなくAが背負わなければならない。ここでは、暴力（A→B）と対抗暴力（B→A）の関係が一致している。しかし、BがAから身を守るため、Cの命を脅かす場合は異なる。Cは、AがBの命を脅かしていることに関して何の責任も負っていない。Bが暴力を振るう相手は、Aとは無関係の無辜の第三者である。ここでは、暴力（A→B）と対抗暴力（B→C）の関係が一致していない（図1）。

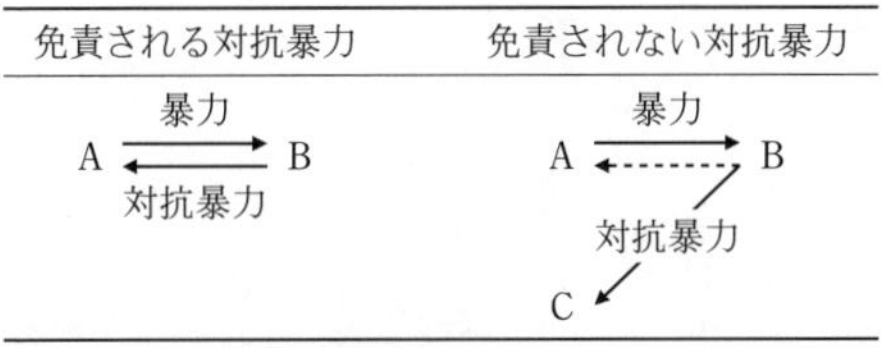

図1　正当防衛の構造

要するに、権利に訴えることで殺人が免責されるかどうかは、責任に訴えることで殺人が免責されるかどうかに依存している。被害者Bは、状況の責任を負う人物（A）に対しては対抗暴力をふるうことを許されるが、状況の責任を負わない人物（C）に対しては対抗暴力をふるうことを許されない。ナーヴソンの権利論はこれら二つをうまく区別していない。さらなる問題は、戦争の殺人が、その状況の責任を負う人物と負わない人物のどちらに向けられているか、という点である。

3　民間人に責任はあるか

以上見たように、正当防衛による行為を権利の一部と見なす考え方は、よく考えればそれほど説得的ではない。むしろ、その場合の行為が免責される真の理由は、その行為が究極的には行為者自身の責任とはいえないからである。被害者Bは好き好んで強盗犯Aの命を脅かす立場に立ったわけではない。BはAの命を脅かすことを余儀なくされたのであり、それは結局Aの身から出た錆《さび》である。責任の観念は同時に、BがAの幼い娘Cの命を脅かしてはならないことも説明する。なぜなら、CはAと異なり、Bがそうした行為をせざるをえない立場に追い込まれたことに関して、何の責任も負っていないからである。

さてそれでは、話を個人レベルから国家レベルに移して、戦争の殺人の是非を問うてみよう。個人レベルで殺人の免責理由となった責任の観念は、はたして国家レベルでも殺人の免責理由となるだろうか。今度は、X国がY国を侵略したとしよう。Y国は自衛権を行使して、逆にX国を攻撃する。その反撃は、多くの場合X国の民間人も巻き添えにするだろう。この場合の民間人被害は、はたして責任の有無を問うことで免責されるだろうか。

民間人は戦争責任者か

ここでの問題は、侵略を行うX国政府の決定に対して、個々の民間人の実質的関与がきわめてわずかでしかないということだ。第一に、X国民は政府の決定を選択する民主的権限をもっていないかもしれない。第二に、たとえ民主的権限をもっていたとしても、政権の選択時に戦争の是非は問われていなかったかもしれない。第三に、たとえ戦争の是非が問われていたとしても、X国民の一部は戦争に反対していたかもしれない。第四に、たとえX国民の大多数が戦争に賛成していたとしても、個々の国民にとって、政府の決定に対する関与の度合いは、全体の数百万、数千万分の一の声でしかない。要するに、侵略を決定した政府（X）と個々の民間人（Z）は同一視できないのだ。

例えば、一九九〇年にイラクが隣国クウェートに侵攻したことを受けて、年が明けた一九九一年、アメリカを中心とする多国籍軍が、圧倒的な軍事力を背景にイラクに対して武力攻撃を展開し、短期間で戦争に勝利したようなケース（湾岸戦争）を考えてみよう。当時のイラクの行動は、国連によって「平和の破壊」と認定される明白な侵略行為だった（国連安保理決議六六〇）。それゆえ湾岸戦争は、侵略国Xの暴力（X→Y）に対する自衛国Yの対抗暴

多国籍軍 イラク空爆
戦略拠点 相次ぎ
イラク空軍壊滅
5波250機投入
核施設破壊が目標
「サダムを追い出す」

湾岸戦争の開始を伝える新聞記事
（『読売新聞』1991年1月17日付夕刊）

力（Y→X）の典型例だと思われるかもしれない（厳密にいえば、この反撃は被害国クウェート自身による自衛行動ではない。ただし、平和の破壊に対する強制措置を含む集団安全保障の理念に照らせば、いずれにしても湾岸戦争は、イラクの不法行為に対する共同の対抗措置と見なせる）。

にもかかわらず、現実の戦争被害は真っ先に、政府関係者ではなく個々の民間人に降りかかってくる。個々の国民が政権を選択していようがいまいが、戦争に賛成していようがいまいが、戦争被害は無差別に生じる。実際、湾岸戦争では、多国籍軍による攻撃の結果、相当多数のイラク国民の巻き添え被害が生じたと報告されているが（本書五七頁）、他方でクウェート侵攻を決断した当のサダム・フセイン政権は存命した。ここには暴力と対抗暴力のあいだに明白なズレがある。ところで、政治学者の丸山眞男《まるやままさお》は、戦後の講和論に寄せて次のように言っていた（「三たび平和について」二一二頁）。

現代戦争において、交戦国の双方から、敵国の政府及びそれに関連する一握りの邪悪な人々の排除のみが目的で、一般の平和的な国民を敵とするものでないということが繰返し力説されるにも拘らず、現実には、都市空襲が最も端的に示すように、却《かえ》って政府要人や機関はいち早く安全な場所に疎開し、最も惨澹たる被害を蒙るのは、家を焼かれ、近親を失って彷徨する無辜《むこ》の民衆であるのが、皮肉というにはあまりに痛ましい現代戦争の実相なのである。

もしこの指摘が妥当だとすれば、X国の攻撃に対抗するY国の反撃は、状況の責任を負う人物（X国政府）よりも、状況の責任を負わない人物（X国民Z）に向けられている可能性が高い。すなわち、その場合に生じる民間人被害は、暴力（X→Y）に対する対抗暴力（Y→X）という関係よりも、暴力（X→Y）に対する対抗暴力（Y→Z）という関係に近い。個々の民間人Zは、X国の開戦の決定に関して、責任をほとんど直接的には負っていない。X国の侵略を理由に個々のX国民Zの命を脅かすことは、論理の構造上、無辜の子どもを犠牲にして親の不始末のかたをつけることと何ら変わらない。

非戦闘員保護の原則

個人の場合であれ国家の場合であれ、こうした身勝手な責任転嫁による他人の権利侵害を免責することはできない。強盗犯Aの幼い娘Cの権利は、Aの所業とは無関係に尊重されるべきである。まったく同様に、侵略国Xの民間人Zの権利は、Xの所業とは無関係に尊重されるべきである。問題の本質は、戦争の殺人において、責任の有無に基づく、攻撃対象の区別の努力がなされているかどうかということである。こうした努力がなされていないかぎり、戦争の殺人を免責することは、義務論の観点からは依然としてできない。

実際、戦時国際法では「非戦闘員保護の原則」という考え方がある。自衛国／侵略国を問わず、戦争において民間人を意図的に殺害することが第一級の罪悪であることは、今日広く認められている。例えば、ジュネーヴ条約第一追加議定書第五一条には、「文民たる住民それ自体及び個々の文民は、攻撃の対象としてはならない」「無差別な攻撃は、禁止する」と規定されている。自国政府の所業とは無関係に、戦争に直接関与しない一般国民は、戦争の意図的な攻撃から保護されなければならない。これが今も昔も、戦争において必要な最低限のルールである。

非戦闘員保護の原則は、とりわけ今日、平和主義者が戦争に反対する際の主要な論拠となっている。なぜなら、近現代戦においてはほとんど不可避的に、大小の民間人被害が生じるからである（詳しくは本書八五頁以下）。先述したように、湾岸戦争でもイラク側で少なくない民間人の「付帯被害」が生じ、国際的な論争を巻き起こした。この状況は、近現代戦において、殺人を禁止する〈無危害原理〉をどこまで厳格に遵守すべきかを、非平和主義者に迫っている。

二重結果説

一部の非平和主義者は、〈無危害原理〉のハードルを下げることで、この問題に対処しようとしている。トマスの学説において、正当防衛による意図せざる殺人が免責の対象であったことを思い出そう（本書四四頁）。この学説はトマス以降、狭い意味での正当防衛の範疇を越えて、〈無危害原理〉の実践的適用に取り組む際に、「二重結果説」としてしばしば引き合いに出される。その意味することは、ある行為によって生み出される悪い結果が、同時に生み出される善い結果の意図せざる副産物にすぎないならば、そうした悪い結果を生み出す行為も免責されうるというものである。

実は、本章冒頭で取り上げた「暴走する路面電車」のケース1の殺人（三九頁）は、正当防衛に該当しないにもかかわらず——待避線上の作業員は、状況の責任を負わない無辜の第三者である——二重結果説に訴えることで免責される余地がある。なぜなら、路面電車を待避線に向けることで生じる一人の殺人は、運転士にとって、予見できる結果ではあっても、意図した結果ではないからである。運転士が目指したのは、あくまでも五人の救命であって

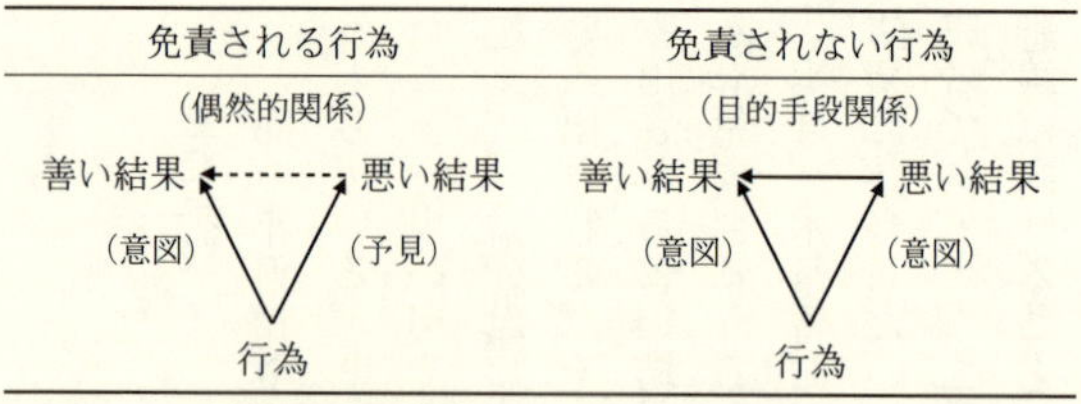

図2　二重結果説の構造

一人の殺人ではない。その証拠に、かりに待避線上の作業員が、迫ってくる路面電車に気づいて直前で飛びのいたとしても、運転士の所期の目的が阻害されるわけではない（お気づきのとおり、サンデルが挙げたケース1とケース2の違いは、こうした行為者の意図の有無にある）。そこで義務論者は、二重結果説を引き合いに出せば、ケース1に限ってその殺人を免責しうるのである（図2）。

二重結果説を戦争に適用すると、非戦闘員保護を原則として擁護しつつも、それに絶対的に固執することなく、場合によっては殺人を免責しうる結論が導かれる。すなわち、行為者が正当な軍事目標を攻撃するという単一の意図に基づき、その意図せざる偶然の結果として民間人を殺害した場合である。そこで生じた民間人被害は、攻撃した側がそれを意図した場合には免責されないが、それを意図しない場合には免責されうる。実際、二重結果説は、戦争で不可避的に生じる民間人被害を免責する際の理由として、第四章で述べる正戦論者のあいだで広く受け入れられている（例えば、古くはビトリア「戦争の法について」二〇四頁以下、スアレス「戦争について」二二一頁以下、新しくはウォルツァー『正しい戦争と不正な戦争』三〇一頁以下)。

湾岸戦争の場合、イラク国内で確認された民間人被害への批判に対して、アメリカの報道官は、「市民への巻き添え被害があることは否めない。我々としては、その規模がきわめて大きいものにならないよう希望している」と主張した(『朝日新聞』一九九一年二月十二日付)。いわく、多国籍軍は、たとえ民間人被害が生じたとしても、それをできるだけ最小化すべく努力している。確かに犠牲が生じたことは不幸であるが、それは私たちが意図したことではない。犠牲がゼロのまま本来の意図を遂行できれば、それが希望にかなうものだっただろう。結果的に生じた民間人被害は、あくまでも意図せざる「付帯被害」にすぎなかったのだと。

このように、二重結果説に従えば、意図の有無に基づいて戦争の殺人を免責する余地が生まれる。しかしながら、筆者が見るところ、二重結果説を戦争に適用することについては非常に問題が多い。その詳細は別のところ(拙稿「ダブル・エフェクトの原理」)で論じたので、ここでは一点だけ指摘しておこう。

問題は、二重結果説が行為者の意図という曖昧《あいまい》で実測しがたい要素に依拠して、行為の道徳判断を行おうとしている点にある。殺人を犯した行為者は、免罪符としてこの要素を大いに活用するだろう。というのも、行為者が行為による結果を意図していたかいなかったかは、結局のところ本人にしか知りえないことだからである。ジェノサイド(集団殺害)のような、明白に邪悪な意図に基づく場合でないかぎり、実質的に大半の戦争被害は、意図せざる付帯被害として言い逃れの対象になりうる。例えば、国際政治学者のS・ホフマンは次のように言う（『国境を超える義務』六二頁）。

近代戦はまた二重結果規則をも台無しにしてしまう。この規則の要点は文民を直接かつ意図的に殺戮してはならないということであり、もしそれを字義どおりに受け取るならば明らかに文民を目標とした絨毯爆撃は姿を消すという実に結構なことになるであろうが、しかしなおすさまじい「付随的」殺戮は許されることになろう。例えば、アメリカは北ベトナムで意図的に非軍事目標を爆撃したわけではなく、選択した軍事目標がたまたまかなりの規模の「付随的」大量虐殺を余儀なくすることになった、ということになるのである。

そこで、少なくとも近現代戦において、二重結果説を用いることには懐疑的であるべきだというのが、筆者の考えである。そもそも二重結果説は濫用《らんよう》されやすいものであり、ことが戦争の場合はなおさらである。ここで安易に、非戦闘員保護の原則に例外を認めるならば、これまでの戦争規制の取り組みは致命的に毀損されてしまうかもしれない。私たちは、滑り坂を滑り落ちて取り返しがつかなくなる前に、何としてもその原則から手を放すべきではないのだ。

4　兵士に責任はあるか

非平和主義者は、以上の点にまで同意するかもしれない。よし分かった、殺人の是非は責任の有無に依存している。たとえX国がY国を侵略したとしても、X国の個々の民間人Zにその責任を被せることはできない。しかしそれでも、少なくともX国の個々の兵士（W）に対する攻撃は免責されるのではないか。なぜなら、WはZと異なり、戦争という犯罪に事実加担しているからだ。Wは一方的にわが国を蹂躙《じゅうりん》し、同胞国民を命の危険にさらしている。いわば、Wは幼い娘ではなく強盗犯の手足である。国内法では、強盗犯に対する正当防衛による危害の余地は認められている。それでは同様に、たとえ侵略国兵士を殺害したとしても、それは免責されるのではないか。何といっても、戦争を始めたのは自分たちではない、かれらなのだ。

確かに、民間人Zに対する攻撃と比べて、兵士Wに対する攻撃の許容範囲は、一見してより大きい。かりに、民間人被害をゼロにまで縮小した、純粋に兵士同士が行う戦争を想定してみよう。非戦闘員保護の原則を裏返せば、この戦争で自衛国兵士が侵略国兵士を殺害したとしても、殺人の咎《とが》を負うことはない。それはなぜだろうか。兵士の死は、なぜ、そしてどのように、民間人の死と異なるのだろうか。

兵士は戦争責任者か

この問いに答えるためには、兵士と民間人のあいだの立場の違いを精査する必要がある。戦闘に従事しない民間人と比べた場合、戦闘に従事する兵士は自らの権利を（一部）喪失した存在である。もちろん兵士といえども、元は権利主体としての一個人であり、自己の生命に対して不可侵の自然権をもっている。しかし、武器を取って戦闘に加わることにより、兵士は民間人として保護される立場から離れ、正当な攻撃対象となる。民間人に対する攻撃と異なり、兵士に対する攻撃が免責される理由は、民間人と異なり、兵士が戦争という犯罪の一端を担っているからである。

「兵士が戦争という犯罪の一端を担っている」という考えには、二つの解釈がある。第一の解釈は、民間人と異なり兵士が、侵略という集団レベルの犯罪に関して責任を負っているという解釈である（マクロ危害論）。第二の解釈は、民間人と異なり兵士が、戦闘における個人レベルの犯罪に関して責任を負っているという解釈である（ミクロ危害論）。

はじめに、侵略国兵士は戦争という犯罪に加担し、その一部となっているのだから、民間人と異なり責任を負う――したがって正当な攻撃対象である――とのマクロ危害論がある。先に手を出したのは侵略国であり、自衛国は仕方なくその戦争に巻き込まれたのだ。侵略国兵士は侵略という罪を背負うのだから、戦争の過程でその兵士を殺害したとしても、そもそも悪いのは自衛国側ではなく侵略国側である。この推論は正しいだろうか。はたして兵士は、民間人と異なり、侵略国の侵略の手先となっているのだから、戦争責任者の一人なのだといえるだろうか。

第一に、個々の兵士が侵略という決定に関与したことの責任を考えてみる。この場合の兵士Wの責任は、民間人Zよりも大きいわけではないし、場合によってはZよりも小さいかゼロである。以下の状況を考えてみよう。一方には、X国の侵略政策に熱狂的に賛成する民間人Zがおり、他方では、戦争が何たるかに関するいかなる教育も受けずに戦場に駆り出され、一刻も早く町に帰って元の生活を送りたいと願っている兵士Wがいる。両者を比較したとき、侵略という犯罪に関してZよりもWの責任が重いというのは、的を射た議論であるようには思われない。兵役が徴集に基づいているならなおさらである。成年に満たない若い兵士は、選挙権すら与えられないまま、侵略を決定した政府とその熱狂的支持者の意向によって、戦地に駆り出されたにすぎないのだ。

それどころか、たとえ兵士WがX国の侵略政策に賛成し、自発的に軍隊に加わったとしても、依然として、Wに戦争という犯罪の決定責任を帰すことはできないだろう。民間人と同様に、本人が戦争に賛成したかしないかを選り分けて兵士を攻撃することは不可能だし、また民間人と同様に、戦争に賛成した兵士はそれでもX国の政策決定から十分に遠いからである。実際、いわゆる「平和に対する罪」に問われるのは、個々の兵士ではなく、政治・軍部指導者である。もちろん個々の兵士が、通常の戦時犯罪に問われる可能性はある。しかしそれは、侵略国兵士に限らず自衛国兵士に対しても等しく当てはまる。逆にいえば、そもそも通常の戦時犯罪は、自衛／侵略レベルの戦争責任と次元を異にしているのだ。

第二に、個々の兵士が侵略という行為に関与したことの責任を考えてみる。X国がY国を侵略した場合、自衛措置としてY国がX国を攻撃することは、暴力（X→Y）に対する対抗暴力（Y→X）として容認できる。しかしここでの問題は、対抗暴力（Y→X）の一部として、個々の兵士Wを殺害することの是非である。正確に書くと、この場合の攻撃は対抗暴力（Y→W）であり、それが免責されるためには、暴力（W→Y）が先んじて存在しなければならない。しかしもちろん、個々の兵士WがY国を直接侵略するというのは、比喩以上の意味ではない。フランスの思想家J＝J・ルソーが言うように、「それぞれの国家が敵とすることができるのは、ほかの諸国家だけであって、人々を敵とすることはできない」のだ（『社会契約論』二四頁)。

個々の兵士Wを侵略国Xの文字どおり手足であると想定するなら、暴力（X＝W→Y）に対する対抗暴力（Y→X＝W）として、Y国がWを攻撃することは免責されるかもしれない。強盗犯に対して反撃することと、強盗犯の手足に対して反撃することのあいだに、どのような違いがあるだろうか。これは一見して説得力のある議論だが、二つの問題がある。第一に、Wは徴集により、その意思に反して嫌々ながら侵略戦争に参加しているのかもしれない。第二に、Wは政府の巧みな情報操作により、自分が戦う侵略戦争を自衛戦争だと思い込んでいるのかもしれない。どちらにしても、責任の所在を辿《たど》っていくと、侵略国兵士Wは、侵略国政府Xの加担者というよりは、その犠牲者であるように見える。結局、一個の独立した人格を、あたかも誰かの手足のように見なすこと自体が、論理的にはかなりのこじつけなのである。

以上を考え合わせると、侵略という集団レベルの犯罪の責任者として、個々の兵士Wを攻撃することは、少なくとも義務論の観点からは容易に免責しがたいことが分かる。

兵士は戦闘危害者か

次に、兵士が戦争という犯罪の一端を担っていることの第二の解釈——ミクロ危害論——

を検討してみよう。侵略国兵士Wは、侵略という集団レベルの犯罪ではないにしても、戦闘における個人レベルの犯罪に関しては責任を負っている。Wは今まさに致死的な武器を携えて、自衛国兵士（V）にねらいを定めているところである。ここまでくれば、さすがに義務論者も、侵略国兵士に対する攻撃を免責することになるかもしれない。なぜなら、この場合の攻撃は、通常の正当防衛のケースのように、あくまでも兵士個人間で生じた暴力（W→V）に対する対抗暴力（V→W）であるからだ。兵士が民間人と決定的に異なる点は、兵士が本質的に他人に危害を加える存在であるという単純明快な事実にある。

（付言すると、この場合の被害者Vは、対抗暴力を振るう兵士本人ではなく、他の兵士や他の民間人に置き換えることもできるだろう。なぜなら、正当防衛の観念は、「自己又は他人の権利を防衛する」ことを意味しているから〔本書四三頁〕。ここでは議論が複雑にならないよう、さしあたり自己防衛の単純なケースを念頭に置いておく。）

確かに、ミクロな戦場の現場に目を転じるならば、自衛国兵士Vが侵略国兵士Wを殺害することは、原理的には免責されるかもしれない。撃たなければ撃たれる状況である。しかし、はたしてこれが戦闘行為の現実を適切に描写するものだろうか。そもそも、空爆など多くの近現代戦において、兵士同士の戦闘は危害性の有無に従って行われてはいない。例えば、危害性を厳密に判別するなら、狙撃兵は正当な攻撃対象であるが、その上官は正当な攻撃対象ではないし、爆撃士は正当な攻撃対象であるが、パイロットは正当な攻撃対象ではないと言わなければならない。しかしこのように、危害的な存在と危害的ではない存在を区別して戦闘を行うことは、実践的に不可能である。

危害性をここまで厳密に判別する必要はないかもしれない。例えば、狙撃命令や爆撃機の操縦は、狙撃や爆撃という危害行為の一部であると言ってもおかしくはない。しかし、このように危害性の基準を緩和することは諸刃の剣である。例えば、早期警戒機は危害的なのか。兵員輸送車はどうか。軍需工場はどうか。訓練中の兵士はどうか。衛生兵はどうか。総司令部の職員はどうか。テロリズムの意志をもった人間が一般市民に紛れ込んでいる場合はどうか。誰が危害を加える者であり、誰がそうではないかの線引きは恣意性を伴うし、緩和すればするほど「兵士」の実体的定義を曖昧にしてしまうだろう。

湾岸戦争の場合、クウェートから退却して自国内へと敗走するイラク軍兵士に対して、多国籍軍から容赦のない追撃が加えられた（いわゆる「死のハイウェイ」）。開戦時八個師団一〇万人以上の規模といわれ、軍の中核を担った大統領警護部隊のうち、終戦時無傷で残ったのは一個師団、多くみても二個師団にすぎなかったという（『朝日新聞』一九九一年三月一日付）。もちろん程度問題はあるが、終戦直前に壊滅させられたイラク軍兵士は、はたしてその瞬間に個人的に死に値する存在だったのだろうか。以上の実例が意味することは、侵略国兵士に

「死のハイウェイ」　R. P. Hallion, *Storm over Iraq: Air Power and the Gulf War* (Washington, DC: Smithsonian Institution Press, 1992).

対する攻撃においてすら、非常にしばしば、義務論的に免責しがたい殺人が含まれるということである。

義務論の要諦

結局のところ、義務論の枠内で戦争の殺人は許されるのだろうか。国内法における正当防衛の場合から類推すると、以下の留保条件を付与するなら、一部の義務論者は「イエス」と答えるかもしれない。その留保条件とは、第一に、民間人被害をゼロにまで縮小した、純粋に兵士同士が交戦する状況であること、第二に、他衛の場合も含め、厳密にミクロな危害性の基準に従った（撃たなければ撃たれる）状況であること、である。これらの留保条件を満たす戦争の殺人は、はたしてどれぐらいあるだろうか。おそらく、全部ではないにしても多くの戦闘行為が、問題含みであることは間違いないだろう。

とはいえ、次章で詳しく見るように、そもそも私たちの行為選択が、帰結の良し悪しを一切考慮しない、義務論一辺倒の綺麗ごとでは済まされないことも事実である。むしろ義務論の要諦は、カント自身の問題意識がそうだったように、帰結主義に対する一種の制約要因として働くということである。「暴走する路面電車」のケースのように、五人を犠牲にするか一人を犠牲にするかの選択を迫られ、私たちはやむなく一人の無辜の命を犠牲にするかもしれない。にもかかわらず、普通の人間はその決断の瞬間に、なお何らかの迷いや躊躇《ちゅうちょ》を感じないわけにはいかない。その感覚的な重みこそ、殺人を禁止する絶対不変の原則がこの世に存在することを示唆しているのである。

B・ラッセルいわく、「愛国者というのはいつでも、その祖国のために死ぬことを語る。そしてその国のために人殺しをするとは決して言わない」（『人類に未来はあるか』一一〇頁）。戦争が殺人であり、殺人が罪悪であることを直視するのは、非平和主義者にとっていささか都合が悪い。しかし考えてみれば、従軍のなかで他人を殺害することは、（少なくとも決意のうえでは）自分が死ぬよりも確実なことである。率直にいって、兵士が携帯する武器は、自分ではなく他人に向けるために準備されているのだ。

もしそうだとすれば、戦争に賛成するか反対するかの判断は、このより一層確実な事実から出発すべきではないだろうか。いかなる美辞麗句で取り繕おうとも、戦争に賛成するということは、自分に対して——あるいは、よりありそうなことだが、自分以外の他人に対して——殺人を許容し、推奨し、要求しさえするということである。私たちは、戦争をありうる外交・防衛手段の一カードとして扱う前に、まずはそれが名前を変えた殺人であることを認識しなければならない。そうしてようやく、いかなる戦争が許されるかという議論の本来の段階に進むのである。

第三章　戦争はコストに見合うか——帰結主義との対話

幣原喜重郎の演説

「ピュロスの勝利」という古代ギリシア由来の言葉がある。ピュロスは古典古代の国エペイロス（現アルバニア付近）の王であり、親戚筋だったアレクサンドロス大王を範とし、帝国の復興を熱心に追求した戦争の達人だった。しかしその野望はまもなく、イタリア半島の新興国ローマとの争いに発展し、ピュロスの軍隊は数度の戦いに何とか勝利したものの、決定的な勝利の果実を得ることなく、大幅に戦力を減らして半島を後にした。これを教訓として、多大な犠牲を払って得た、引き合わない勝利のことを、彼の名前を冠して呼ぶようになったのだ。
このように、帰結の損得勘定は、古来より戦争に反対するための主要な論拠になってきた。戦争は人的にも物的にも、また自国にとっても相手国にとっても、ほぼ確実に多大な被害をもたらすからである。帰結主義者は、戦争を準備し、ときに行うことに相応の有利性があることを一概には否定しない。問題は、有利性があるかどうかではなく、その有利性が不利性を上回るかどうかということである。あらゆる利害計算を総計して、戦争がもたらす害悪を回避しようと努めることは、平和主義者にとっても非平和主義者にとっても完全に理にかなったことである。

戦後日本の平和主義は、世界をリードする崇高な試みだった。だがそれは、部分的には戦争の放棄や武力の不保持がもたらす帰結の合理的考量に基づいていたともいえる。なぜなら、戦後憲法の制定段階では、武器をもつよりももたない方が、長い目で見てより有利だとの実利的判断も働いていたからだ。例えば、終戦後まもなく首相を務め、戦後憲法の作成準備にあたっても大きな役割を果たした政治家の幣原喜重郎《しではらきじゅうろう》は、第九条について次のような演説を残している（帝国議会貴族院一九四六年八月三十日、表記は変更した）。

単に是《これ》は、先刻仰せられた理念だけのことではありませぬ、もう少し私は現実の点も考えて居るのであります、即ち戦争を放棄すると云《い》うことになりますと云うと、一切の軍備は不要になります、軍備が不要になりますれば、我々が従来軍備の為に費して居った費用と云うものは是も亦《また》当然不要になるのであります、斯様《かよう》に考えまするならば、軍事費の為に、不生産的なる軍事費の為に、歳出の重要なる部分を消費致して居る諸国に比べますと云うと、我が国は平和的活動の上に於《お》いて極めて有利な立場に立つのであります、

ただしこの点だけを裏返せば、そうすることが有利でないならば、戦争を放棄しなくてもよい、ということにもなりそうだ。そこで決定的に重要なことは、暴力に訴える場合の費用と便益、逆に非暴力を貫く場合の費用と便益に関して、怜悧《れいり》な損得勘定をしてみることである。帰結主義と平和主義が結びつくかどうかは、その損得勘定いかんにかかっているのだ。

本章ではこうした観点から、倫理学の主要学説である帰結主義を取り上げ、戦争がそのコストに見合うものなのかどうか、また帰結主義者の平和主義それ自体がはらむ問題はないかどうかについて、検討を行っていく。

1　非暴力の帰結主義的論拠

帰結主義の発想それ自体は非常にシンプルである。すなわち、より善い帰結を残す行為が望ましく、それゆえ正しい。さきに（本書三七頁）用いた、「なぜ人を殺してはいけないのか」という問いを再び取り上げよう。帰結主義的に期待される答えは、その殺人が全体として事態を悪化させるから割に合わないというものだ。例えば、ひとつの人命が失われれば社会の生産性が減る。誰かが嘆き悲しむ。殺人が容認される社会では、自分の身も安全ではない、等々。だから、殺人はあなたにとっても私にとっても望ましくない。逆にいえば、全体として事態を改善することが確実であるような殺人に対しては、帰結主義者は必ずしも反対しない。

あるいは、このように言ってもよいかもしれない（Pettit, "Analytical Philosophy," p. 29）。平和主義者は非暴力——すなわち暴力の不在——の価値を重視する。しかし、ある価値を重視することには正確には、価値を尊重することと、価値を促進することの二つの側面がある。一方で義務論者は、非暴力の価値を尊重しようとする。たとえそのことで暴力が蔓延《まんえん》しようとも、あくまでも自分は非暴力の立場を貫く。他方で帰結主義者は、非暴力の価値を促進しようとする。もし自分が限定された暴力を用いることで、世界が総体としてより非暴力的な世界になるならば、そのような決断も厭《いと》わない。義務論者の平和主義と帰結主義者の平和主義の違いは、非暴力の価値を重視するかしないかではなく、どのように重視するかの違いである。

「最大多数の最大幸福」

帰結主義者の平和主義の原点は、十六世紀の人文主義者エラスムスである。エラスムスはキリスト教神学者でありながら、その主張には宗教的というよりも世俗的な響きがある。いわく、「すべての事情を考慮に入れ、これを厳密に商量すれば、戦争に要する十分の一の面倒と苦痛と恐怖と危険と出費と流血とで、たやすく平和は達成されてしまう、という結論が得られるに違いない」（「戦争は体験しない者にこそ快し」三一五頁）。その帰結を考量すれば、およそいかなる平和も、たとえそれがどれほど正しくないものであろうと、もっとも正しいとされる戦争よりも善いことは確実である。エラスムスの著作は、のちに十八世紀の啓蒙思想家によって盛んに読まれ、十九世紀以降の反戦平和運動へと続く思想的淵源《えんげん》のひとつとなった。

帰結主義者の平和主義を近代にあらためて定式化したのが、イギリスの哲学者J・ベンサムの功利主義思想である。ベンサムの生きた時代は産業革命の真っ只中であったが、当時のイギリス社会には依然として時代の急激な変化に対応しきれない様々な非合理的慣習が残っていた。そこでベンサムは、「最大多数の最大幸福」という単純明快なスローガンのもとに功利主義思想を体系化し、政治・法律・教育などあらゆる社会の制度は、このスローガンに合わせて作り替えられねばならないと主張した。

功利主義者ベンサムが、同時に平和主義者の顔をもっていることは、単なる偶然ではない。なぜなら、「最大多数の最大幸福」原理に照らし合わせると、戦争は誰がどう見ても不合理としか考えようがないからだ。彼は言う、「戦争は悪である――しかも、その他すべての悪を合併したものでさえある」(Bentham, "Principles of International Law," p. 538)。それは人口を減らし、国土を荒らし、友好関係を傷つけ、産業や経済の基盤を破壊する。紛争解決手段としての戦争は百害あって一利なしであり、それゆえ戦争の帰結は大半の場合、功利主義の目標からほど遠いのだ。

そこでベンサムは、母国イギリスに、戦争の可能性をできるだけ減らすため、植民地の領有を放棄し、軍備を縮小し、貿易を自由化し、国際的孤立主義を推進するよう勧めた。こうした措置こそが、高くつく戦争を避けて安くつく平和を実現し、結果的にイギリスにとって最善の帰結をもたらすだろうと主張したのだ。帰結主義者の平和主義は、決して内面的良心から発する理想信仰ではない。しかしベンサム流の怜悧な功利計算は、結果的にほとんどの場合、戦争の回避と非暴力の道を指し示すのである。

ベンサムの後継者たち

時代が十九世紀に下ると、イギリス自由主義者たちは、功利主義から影響を受けつつ、おおむねベンサムと同様の平和主義的傾向を共有するに至った。その代表がマンチェスター学派の一人R・コブデンである。マンチェスター学派とは、産業革命によって力を蓄えた新興資本家階級の利益を代弁し、徹底的な自由放任、規制緩和、関税撤廃などを掲げる十九世紀前半の経済的自由主義思想である。コブデンはこの経済思想を国際関係にも応用し、自由市場の世界的浸透が「見えざる手」の働きを通じて、各国間に平和協調をもたらすだろうと固く信じていた。

加えて、十九世紀後半以降の社会主義者に対しても、ベンサムの思想は影響を及ぼしている。例えば、第一章で取り上げたイギリスの哲学者B・ラッセルは、労働党の一員として長らく反戦平和運動に携わり、第一次世界大戦時にも熱心に戦争に反対して、そのために大学を追われたり投獄されたりするほどだった。ただし、記すべきはその固い信念にもかかわらず、ラッセルが第二次世界大戦時の対ドイツ戦争を明確に肯定していたことである（本書一五頁）。これは決して矛盾ではない。彼の次の言は、帰結主義者の平和主義が備える特徴をこのうえなく明瞭に示している（『拝啓バートランド・ラッセル様』二〇九頁）。

わたしはいまだかつて絶対平和主義者であったこと、もしくはそれ以外でも、絶対何々であったことなどは一度もありません。／行動は、その結果によって正しいとか誤っているとかを判断すべきだと考えています。正しい行動というのは、可能なるあらゆる行動のうちで、悪い結果よりも良い結果のほうの帳尻を最大限に有利にする行動のことなのです。／「盗むな」や「殺すな」といったような一般的な規則は、たいていの場合正しいのです――けれどもその例外もありがちなのです。

状況に応じて原則を守ったり守らなかったりするのは、その場しのぎの無原則な折衝案にすぎないと思われるかもしれない。しかしこれは誤解である。その場合に原則を守らせたり守らせなかったりするのは、「最大多数の最大幸福」というより上位の原理であり、その意味で帰結主義者は、実は義務論者と同じくらい、自分の信念にどこまでも忠実なのだ。後で述べるように、帰結主義者の平和主義に対しては幾つかの疑問が向けられるが、少なくともそれが玉虫色の単なる妥協の産物ではないことは、ここで強調しておきたい。

2　「最大幸福」の視点から

以上のように、帰結主義者（そして広義の功利主義者）は、戦争が原則として、大半の場合割に合わないものであることを信じている。その収支のバランスに照らし合わせれば、戦争は「最大多数の最大幸福」に資するものではなく、それゆえ無益で必要のないものなのだ。それでは、帰結主義者は具体的にどのような損得勘定から、戦争が割に合わないと考えるのだろうか。以下では「最大多数の最大幸福」原理を二つに区別し、第一に、戦争の帰結が最大幸福をもたらすものかどうか、第二に、戦争の帰結が最大多数の幸福をもたらすものかどうかという点から、暴力よりも非暴力を勧める帰結主義的論拠について、より詳しく検討したい。

はじめに、戦争が最大幸福に資するものであるかどうかを検討しよう。帰結主義の観点からは、戦争は真の意味で、全体の被害を最小化し、利得を最大化する選択肢である必要がある。はたして、そのような戦争が実際に存在するだろうか。

コストの問題

ここで重要な点は、戦争にいかなる重要な利害と価値が賭けられているにせよ、そこに必ず機会費用の問題が付いて回るということだ。「機会費用」とは、ある選択ではなく別の選択をしていたら代わりに得られたであろう利益、すなわちある選択をすることで潜在的に失われる利益のことである。例えば、持ち家に自分で住むことのコストには、光熱費などの実際の出費（会計上の費用と呼ばれる）だけではなく、代わりに他人に貸したら得られたはずの仮定上の家賃収入（機会費用と呼ばれる）も含まれる、といった具合である。同様に、何らかの政策を実施する際には、それによって何を実現できるかと同様、代わりに何を実現できなくなるかも考え合わせる必要がある。この観点から、エラスムスは次のように言う（『平和の訴え』八二頁）。

> 平和が善きものを、また戦争が悪しきものをもたらすことを考えてください。その次には、戦争を手に入れるために平和を交換することから、いったいどれだけの利益があがるかを計算していただきたいものですね。この世に賞讃に値する偉大なものが何かあるとすれば、それは、あらゆる文物が花と咲き誇り、見事に建設された都市、よく耕された田畑、この上もなく優れた法律、尊重すべき訓育、気高い風習の見られる国家をおい

て何がありましょう。ここでよく考えていただきたいのは、戦争をすればこれらの幸福はめちゃめちゃになってしまうということです。

戦争には機会費用も含めた相応のコストが必ず生じる。問題は、戦争とその準備によって代わりに実施できなくなる政策と比較して、戦争がいつどのような場合に、そのコストにペイするのか、という点である。何となれば、私たちは戦争によって実現できるもの以外にも、多くの事柄を必要としているからである。景気対策、失業対策、就業支援、子育て支援、高齢者介護、等々……これらは国民の安寧を守るために、国防と等しく重要である。しかしもちろん、一国が用いることのできる予算には限りがある。こうした無数の政策カードのなかで、戦争は一体何番目に位置づけられるだろうか。

一例として、自殺と貧困の問題を取り上げよう。警察庁の統計によると、二〇一一年における自殺者の総数は三万六五一人で、そのうち経済・生活問題を理由とするものは六四〇六人に及ぶという。もし外国の軍隊によって毎年六〇〇〇人以上の自国民が殺されているとなったら、国中が怒りと悲しみで沸騰するだろう。なぜ人々は貧困に対しても同じ怒りと悲しみを向けないのか。貧困は毎年それだけの国民を犠牲にしているのだ。わが国の防衛費はGNP比で見れば一％未満に収まっているが、それでも二〇一二年度予算の概算要求で四兆六九〇六億円にのぼる。これだけの予算（の少なくとも一部）を軍備の増強に費やすことと、自殺・貧困対策に費やすことのどちらが、国民の安寧を守るためにより役立つだろうか。しかも戦争と異なり、自殺・貧困対策には平和的手立てがある。

私たちは、国民の安寧を守るため、実に多方面にわたる方策を必要としている。政策決定者はこれらのあいだで、常に何かを優先して他の何かを犠牲にしつつ、真に国民の安寧を守るために必要な事柄を考えなければならない（参考までに、ストックホルム国際平和研究所および世界保健機関の統計によると、二〇〇九年の時点で、全世界シェアの四三％にあたる六六一〇億ドルもの圧倒的大金を軍事費に注《つ》ぎ込むアメリカは、国民の平均寿命について世界第二九位、男性については第三四位を占めるにすぎない）。もちろんこれは、国防政策が重要ではないと言っているのではなく、国防政策とその他の政策のどちらも等しく重要だと言っているのである。政治とは常にトレード・オフの産物であり、限られた予算を最善に用いるための比較考量の世界なのだ。

戦争の中長期的帰結

それでは次に、機会費用も含めたコストの点から見て、依然として戦争が最善の選択肢であるとしてみよう。敵国は邪悪な意志をもち、侵略の意図は明白であり、外交交渉の余地は薄く、逆に開戦すれば勝利の見込みは高い。しかし、最大幸福の問題はまだ残る。たとえ、他国の侵略を受けての自衛戦争であったとしても、それが中長期的にもまた最善の帰結を生み出すはずだと、誰が確信をもって言えるだろうか。

残念ながら、中長期的な帰結を予測すれば、その場合の開戦が賢明かどうかは、依然として定かではない。あらゆる戦争は、次の戦争の遠因となりうる。例えば、第一次世界大戦は第二次世界大戦の遠因となり、第二次世界大戦は中東戦争の遠因となり、中東戦争はイラン・イラク戦争の遠因となり、イラン・イラク戦争は湾岸戦争の遠因となった。帰結主義の観点から、ある戦争が長い目で見てどれほど甚大なコストを生み出しうるかを判断するのはきわめて難しい。エラスムスが言うように、「ほんとうに、小ぜり合いから大乱闘になり、一つの戦争が数多くの戦争に発展し、かすり傷から血の海を招くことになるのです」（『平和の訴え』八二頁）。

こうした不確実性の理由のひとつは、戦後和平がほとんど定義的に、敗者にとって強制的なものとなり、それゆえ不平不満の種になるという点だ。不平不満は被害者意識を生み出し、それが次なる戦争の口実になるだろう。例えば、イギリスの小説家H・G・ウェルズは、第一次世界大戦を指して「戦争を終わらせるための戦争」と呼んだ。しかし、その講和条約（ヴェルサイユ条約）では、敗戦国ドイツに対して一三二〇億マルクもの過大な賠償請求が課せられ、それが結果的に国内の経済不安や被害感情を高め、四半世紀も経たないうちに、ヒトラーの台頭と第二次世界大戦を招いたのである。ちなみに、当時講和会議に参加したイギリスの経済学者J・M・ケインズは、『平和の経済的帰結』(一九一九年)を著し、過大な賠償請求が必ずやヨーロッパ全体に破滅的な禍根を残すことになると強く警告していた。

ところで、以上の議論と関連して、十八世紀以降の自由主義者のあいだには、経済的相互依存が戦争の火種を取り除き、国際協調を実現するという意見のかなりの一致がある。潜在的な紛争当事国は現実の経済的取引相手であり、自国の経済にとって相手国が重要であればあるほど、戦争による損失は大きくなるからだ。例えば、戦間期に幣原外交と呼ばれる協調路線をとった幣原喜重郎も、「吾々の対外関係に於て求むる所は同盟に非ずして、経済上に於ける利害共通の連鎖であります」との演説を残している(帝国議会衆議院一九二七年一月十八日、表記は変更した)。二十世紀の帝国主義の行く末を踏まえれば、通商の国際的展開を無条件で平和の促進材料と見なすわけにはいかないが、今日の相互依存論の原型を、それ以前の平和優先主義者がすでに示していたことは付記しておいてよい。

啓蒙活動による平和

結局のところ、以上のような多種多様な理由から、誰にとっても戦争よりも平和が望ましいことは、冷静な思考力と判断力を働かせれば自ずと分かるはずである。それが分からないのは、他国への嫉妬心や虚栄心など、何らかの非合理的要因で真の利害が隠され、歪められているからに違いない。ベンサムが言うように、「諸国家の利害のあいだにはどこにもいかなる真の衝突は存在しない。もしどこかで矛盾があるように見えるならば、それは単に利害が誤解されているからである」("Principles of International Law," p. 559)。そこで、こうした誤解を取り除くことが、反戦平和運動の重要な取り組みとなる。

実際、国民に対する啓蒙活動は、とりわけ十九世紀以降の平和優先主義者にとって、主たる政治的課題だった。例えば、イギリスのジャーナリストN・エンジェル(一九三三年ノーベル平和賞受賞)は、当時ヨーロッパ中で二〇〇万部を超えるベストセラーとなった著作『大いなる幻影』(一九〇九年)を通じて、軍事力を用いて自国の安全や繁栄を実現することなど、実はまったくの「幻影」にすぎないことを訴えた。こうした啓蒙活動は、第一次世界大戦に向かうイギリスにあって、反戦平和運動を推進するため一九一四年に設立された民主管理同盟に結実する。

「民主管理同盟」は、労働党議員を中心として、作家やジャーナリスト、学者などが緩やかに連帯した組織運動であり(エンジェルやラッセルもその一人)、領土変更の規制、対外政策への議会関与、軍備の削減と武器取引の国有化、勢力均衡の拒否を基本方針として掲げ、戦中戦後のあいだ政府の対外政策を批判する主張を発表し続けた。当時、戦争の渦中で多くの社会主義者が国際的連帯を捨て、自国の資本家階級と協力していった（いわゆる「城内平和」）なかで、反戦平和と戦争の早期終結を粘り強く訴え続けた同盟の活動は例外的であったといえよう。

実際のところ、民主管理同盟は熱狂的に戦争へと突き進むイギリス国民を止めることはできなかった。こうした反省をもとに、ラッセルは戦時中から、人間行動の動因である「衝動」を無下に否定したり、その噴出に蓋《ふた》をしたりすることなく、むしろその動力を正しい方向へと向けることが重要なのだと考えるようになる（「社会改造の諸原理」）。中立冷静に理を説くことだけが、帰結主義的にもっとも効果的なわけではない。人間がときに陥りがちな非合理性をどのように改善するかは、現在の功利主義論でも熱心に議論されている（児玉聡『功利主義入門』第五章）。

3　「最大多数」の視点から

それでは次に、議論をもう一歩先に進めてみる。ある戦争の行方が、コストや中長期的帰結の観点から、最大幸福に真に資するものであったとしてみよう。例えば、まったくありそうにないことだが、かりに眼前の戦争が「戦争を終わらせるための戦争」であるとしたらどうだろうか。しかし、帰結主義のハードルはまだ残っている。なぜなら、その原理に照らし合わせると、最大幸福は同時に最大多数のものである必要もあるからだ。次に、戦争が最大多数の幸福というハードルをクリアするかどうかについて検討しよう。

民間人の被害

ここで考えるべきことは、戦争の被害が一般国民に、しかも大規模に降りかかってくる点である。家屋は破壊され、税金は上がり、物価は上昇し、仕事は失われ、人間は死ぬ。確かに今も昔も、実際の正規戦に従事するのは、（ある程度の）専門的訓練を受けた兵士である。しかし、戦争が生み出す被害を仔細に並べ挙げていくなら、戦争の実際の姿は、戦場の決闘のような騎士道精神には支えられていない。それは直接的・間接的に、国民と国民が殺し合う機会なのだ。

この傾向は、近現代戦においてますます強まっている。近代の技術革新が、それ以前の戦争とは比較にならない規模で民間人被害を生み出すようになっているからだ。戦車や軍用機、大量破壊兵器の登場によって、人間の攻撃能力は技術的に急激に進化した。その歴史は、二十世紀以降、ゲルニカ爆撃、重慶爆撃、ロンドン大空襲、ドレスデンと東京への戦略爆撃、広島・長崎への原爆投下に至り、先の大戦において非戦闘員の犠牲者数は三二〇〇万人に達すると推計されている（ブラウン編『地球白書一九九九―二〇〇〇』二七六頁）。近年でも、アフガニスタン、イラクに対してアメリカ軍が行った空爆で多くの民間人被害が生じ、国際世論の非難を巻き起こした。

何よりも、今日の戦争を割に合わないものにしている最たるものは、核兵器の登場とその拡散という状況である。今世紀もなお、世界中で配備された核弾頭数は約一万二一〇〇あるとされているが（ストックホルム国際平和研究所『SIPRI年鑑二〇〇六』六七九頁）、これは人類にとって明らかに無意味な殺傷能力である。なぜなら、その全部が使い切られる前に、人類は間違いなく絶滅するからである。帰結主義をもち出すまでもなく、こうした事態を絶対に避けるべきことは明白であるが、ともかく人類が、核戦争の危機からいまだに脱したわけではない。

兵士の負担

問題は、戦争が民間人に対して及ぼす被害に限られない。たとえ民間人に対する直接被害が限定的であったとしても、なお多くの国民にとって、戦争が割に合わないものであることには変わりないかもしれない。一見すると、ある戦争が最大幸福をもたらすものであるなら、その利得は最大多数の国民が享受しそうである。しかし現実には、戦争の利得は国民間できわめて不平等に割り当てられているかもしれないのだ。

民間人に対する直接被害を除けば、戦争の負担をもっとも多く背負っているのは、実際に戦場に向かう兵士である。かれらは国民全体の安寧を維持するために、その身を文字どおり投げ出す。それでは、こうした兵役に就くのは誰か。いうまでもなく、その圧倒的大多数は十代から三十代の若い男性である。戦争とは、これらのごく一部の社会集団がほとんど集中的に従軍のコストを支払い、それ以外の国民全体が得る利益を支える仕組みになっている。従軍のコストが若い男性の配偶者や子どもにも及ぶことを考えれば、結局のところ戦争が生み出す利得は、高齢者層に狭く分配されることになるだろう。

しかも、無差別の徴兵制を採用する国でないかぎり、同年代の若者が等しく戦地に赴くわけではない。募兵制をとる国にあっては、実際に戦争に従事するのは、一般に富裕層よりも貧困層が多い。なぜなら、兵士になることが収入を得るための確実な手段であるからだ。従軍によるリスクを多少背負うからといって、経済的に背に腹は代えられない。こうして、多くの若者は価値や理想とは無関係に、純粋に金銭的理由から兵士となるのだ。十九世紀前半にニューヨーク平和協会を設立したD・ドッジは、次のように言っていた（カーランスキー『非暴力』一四〇頁より重引）。

戦争をそそのかした者が実際に戦場に出ることはほとんどなく、最前線に立つことなどないに等しい。戦争の火を煽るのは、たいていの場合、貧困層を働かせて放蕩《ほうとう》生活を送る連中なのだ。兵士の大部分は、普通その国の貧困層出身者が多い。彼らは武装すると、数セントの日給と引き換えに、厳しい軍隊生活に耐え、死地へと導かれる運命をたどらなければならない。

社会主義が平和主義と接点をもつのはこの点である。いわく、戦争とはもっぱら資本主義的利権や帝国主義的野心のためになされるものであり、どのような大義を振りかざそうとも、本質的には資本家階級が労働者階級を食い物にするための政策にすぎない。戦争によって資本家階級は利益を得、労働者階級は負担を被る。すなわち、戦争は搾取の一形態なのだ。蓋を開けてみれば、多くの場合これが戦争の実態である。それゆえ、社会主義者に言わせれば、労働者階級の解放は、戦争反対という主張と表裏一体なのである。

これは決して過去の出来事ではない。今世紀のアメリカでは、戦争が「貧困ビジネス」の一種として公然とまかりとおっているという。若者が軍隊に入隊する理由の多くは、学費免除であり、医療保険である。とくにテロ事件後には、移民や不法移民が、軍隊で働けば市民権を得ることができるようになり、かれらが兵士の供給源となっている。アフガニスタンやイラクに派遣されるアメリカ軍兵士の多くは、こうした特典に引き寄せられたごく一部の恵まれない社会階層である（以上の点についてより詳しくは、堤未果『ルポ　貧困大国アメリカ』第四～五章を参照）。

付言すると、貧困ビジネスと密接に結びついて、戦争を大きなビジネス・チャンスと捉えているのが、軍需産業を中心とする軍産複合体である。その原型は近現代以前にも見られるが、とりわけ戦争の規模と兵器の技術革新が進んだ二十世紀以降は、どの先進諸国においても、経済産業の相当の部分を軍需産業が占め、政界にも大きな影響力をもつようになっている。第三四代アメリカ合衆国大統領D・アイゼンハワーは、一九六一年テレビ上の退任演説で、軍産複合体の登場が国民に危険と負担をもたらしていることを強く警告した。残念ながら、第四三代大統領に率いられた今世紀のアメリカは、この警告を見事なまでに例証していたように思われる。

民主主義による平和

まとめると、ある戦争が帰結主義的に正当化されるためには、戦争の帰結が最大幸福をもたらすと同時に、その幸福が最大多数のものである必要がある。はたして、現実にどれほど多くの戦争が、以上二つのハードルをクリアするだろうか。もちろん、戦争を「最大多数の最大幸福」のための単なる一手段と見なすのは、過度な単純化である——これについては次節で取り上げる。ともあれその原理に照らし合わせれば、ありうる結論は、戦争賛成者よりも戦争反対者を励ますものとなるに違いない。大半の場合、戦争によって得られる利益はあまりにも部分的でしかないし、同時にその負担は、国民の特定の人口層に偏っている。

にもかかわらず、一体なぜ「最大多数の最大幸福」に資さない戦争が生じるのか。平和優先主義者にとって、その理由は端的に、国民大多数の声が政治に反映されていないからである。エラスムスが言うように、「大多数の一般民衆は、戦争を憎み、平和を悲願しています。ただ、民衆の不幸の上に呪われた栄耀栄華を貪《むさぼ》るほんの僅かな連中だけが戦争を望んでいるにすぎません」（『平和の訴え』九六頁）。開戦の決断をする人間が、自ら戦地に赴いて死線をくぐり抜けるようなことはほとんどありえない。それゆえ、国民の大多数にとって戦争という選択肢が到底割に合うものではないにもかかわらず、相変わらず非合理的な戦争が繰り返されるのだ。

それゆえ、帰結主義者の平和主義を実現するためには、国民一般の声を政治に反映させる仕組みが必要である——すなわち、「ありとあらゆるものの中でも最も危険なものである戦争は、全国民の承認がないかぎり、断じて企ててはなりません」（同七三頁）。実際、前節で言及した民主管理同盟の綱領は、外交問題に議会が関与することを含んでいた。戦争が国民全体を益するよりは害する可能性が高い以上、その決定権が委ねられるならば、国民は必ず慎重かつ賢明な判断を下すに違いない。民主主義の政治体制こそが世界平和の鍵であるという平和優先主義者の主張は、今の国際関係論で「民主的平和論」と呼ばれ、盛んに議論されている（本書二一四頁）。

E・レマルクの小説を原作として、第一次世界大戦を描いた映画『西部戦線異状なし』（一九三〇年）では、ドイツの従軍兵士たちによる以下のような会話がある（訳語は変更した）。


「どうして戦争が始まる」

「悪い国を攻撃するのさ」

「なぜ国が攻撃する。ドイツの山がフランスの原を怒ってるのか」

「人間が人間を攻撃するんだ」

「それは変だ。おれは攻撃されてる気がしない」

「最低の人間には関係ねえ」

「では国に帰れるね」

「銃殺だぞ」

「皇帝とおれをな。おれと皇帝は同じ考えだ。戦争を望んでない。おれは帰る。皇帝だって国にいる」

「悪いのはイギリス人かもしれない。だがイギリス人を撃ちたかない。初めて見たんだ。彼らも初めてドイツ人を見たろう。彼らだって戦いたくないんだ」

「きっと誰かが得をするんだ」

「おれと皇帝じゃない」

「皇帝かもしれないぜ」

「おれ達じゃない」

「皇帝のはずはない。不満がないんだ」

「戦争をしてない。皇帝なら一回は戦争をする必要がある」

「将軍もそうだ」

「軍需産業の金持ちどもだ」

「熱病みたいなもんだ。誰も特に望んでやしない。我々もイギリス人も望んでないのに、こうして戦ってる」

「こうすりゃいい。大戦争が起こったら野っ原に囲いを作って、そこに王様を全部集合させて、閣僚と将軍も集めて、パンツ一枚で棍棒の殴り合いをさせる。勝負が早い」

「皇帝」や「王様」といった言葉は、当時の帝政ドイツの政治的現実をしのばせるが、さて時が下り、民主主義が定着した今日の社会において、事態はどれだけ進展したといえるだろうか。相変わらず、政府の決定と市民の意識のあいだには決定的な断絶があるのではないか。個々の国民の思いとはまったく無関係に、ヨーロッパ各国間で戦火が開かれていることの不条理さや無慈悲さを、この映画は時代を越えて今の私たちにも物語っている。そしてまた、戦争と平和の問題を国民自身の手元に取り戻していくことが、いまだ未完の課題であることも。

4　帰結主義の留意点

以上見てきたように、自由主義・功利主義・社会主義といった啓蒙思想由来の政治思想は、帰結主義を経由して平和主義の一部に合流する。帰結を考量して物事を考えれば考えるほど、自ずと人々は戦争を避けてそれ以外の方法を選ぶことになるだろう。非暴力の教えは、決して合理性を超越した信念や確信にのみ支えられているわけではない。むしろ、思考の合理性を研ぎ澄ませていけばいくほど、私たちはよりはっきりと、反戦平和という内なる理性の声を聞きとれるようになるだろう。

とはいえ、帰結主義者の平和主義には、実は若干の留意点があり、手放しで称賛するわけにはいかない。本節では最後に、それが抱える幾つかの論争的な問題点を指摘しておきたい。

帰結考量の技術的問題

第一の問題は、平和主義に限らず、功利主義および帰結主義一般が抱える問題である。すなわち、そこで問題となる帰結を、どのような物差しで測ったらよいだろうか。ベンサムの答えは、マイナス価値としての「苦痛」とプラス価値としての「快楽」だった。「自然は人類を苦痛と快楽という、二人の主権者の支配のもとにおいてきた。……一方においては善悪の基準が、他方においては原因と結果の連鎖が、この二つの玉座につながれている」(「道徳および立法の諸原理序説」八一頁)。実際、この物差しの単純さに支えられることで、帰結主義は本来秤《はかり》にかけられない多種多様な善し悪しを同時的・統合的に考量することができるのだ。

確かに、苦痛と快楽という即物的価値からしか帰結の善し悪しを判断しないなら、戦争はほぼ例外なく避けられるべきだということになるだろう。にもかかわらず、多くの人はこの基準に何らかの違和感をもつかもしれない。例えば、一国の領土や主権を保全することの価値は、苦痛と快楽という観点からどのように数量化できるだろうか。独裁者のもとで怯《おび》えながら暮らすことと、独立自尊を貫いて決死の戦いに挑むことは、苦痛と快楽の点でどちらがどれだけ優っているといえるだろうか。侵略を許容することが中長期的に世界秩序の安定に与えるコストは、苦痛と快楽の言葉で表現できるだろうか。要するに、戦争で実際に賭けられる価値の多くは、ベンサムの基準が適切に掬《すく》い取れる類の価値なのだろうか。

もちろん、戦争の是非を論じる場合に、そのありうる費用と便益を計算することは、平和主義者のみならず非平和主義者にとっても必要不可欠である。その意味で、まったく帰結主義的考量を含まない立場は、純粋な義務論を除いてありえない。しかしながら、もし帰結の価値を測る物差し自体に何らかの価値的バイアスが加わっているなら、帰結主義そのものの信頼性が大きく揺らぐことになるだろう。帰結主義者はこれまで、帰結の善し悪しを測る適当な物差しの発明に多大な努力を費やしてきたが、まだ決定的な答えは見つかっていない。

さらに、たとえ帰結主義者が適当な物差しを発明したとしても、秤に載せる価値の選定にあたってさらなる問題が生じる。一体、ある戦争をした場合（あるいはしなかった場合）に生じる利害とは、いつ、どこの、誰の、どのような利害だろうか。一国内だけか、紛争国だけか、国際社会全体か。中長期的な帰結とは、一年後か、一〇年後か、一〇〇年後か、一〇〇年後か。一体全体、これらの関連するすべての情報は、どのような方法で集計され、どのような方法で秤に載せられるのか。

以上の論点は、平和主義に内在する問題というよりは、帰結主義それ自体に関する技術的問題であるかもしれない。しかし、こうした技術的問題に無自覚なまま、平和主義者が帰結主義に訴えるならば、結局のところそれは、自分のはじめからの主張を都合よく取り繕うための方便にすぎなくなるかもしれない。

非平和主義との連続性

第二に、これがより決定的な問題であると思うのだが、帰結主義者は戦争に絶対反対ではない。それどころか、帰結の善が帰結の悪を上回るなら、帰結主義者ははっきりと特定の戦争を許容し、推奨し、要求しさえすることになる。その最終的な判断基準は、あくまでも「最大多数の最大幸福」原理であり、特定の戦争がこの目標に資するなら、帰結主義者は暴力に反対するための、それ以上の内在的理由をもたない。このように、結果次第では殺人も容認する帰結主義の原理は、前章で取り上げた、殺人を絶対的に禁止する義務論の原理との折り合いも必ずしも良くない。

事実、本章で取り上げた帰結主義者たちは、個々の戦争に関しては必ずしも反対していなかった。エラスムスはヨーロッパ内の戦争を激しく非難したが、トルコ人による侵略を撃退することは許されると考えた。ベンサムはイギリスの軍事的対外政策一般を批判したが、対ナポレオン戦争は必要かつ正当であると考えた。コブデンは経済的理由から軍縮を唱えたが、海上貿易を保護するために必要な軍備の全面撤廃を求めたわけではなかった。ラッセルは第一次世界大戦時、教職追放や投獄の憂き目を見てまでイギリス参戦に反対したが、ヒトラーを阻止するための第二次世界大戦参戦には賛成した（それどころか、冷戦初期のごく短期間には、ソ連が核武装する前に予防戦争を仕掛けることまで勧めている）。実際、ラッセルは次のように述べて、明確にある種の非平和主義――正確には、次章で取り上げる正戦論――の立場を打ち出している（『常識と核戦争』一二三頁）。

私はいまだかつて完全な平和主義者であったことはありませんし、戦争をなす者はすべて有罪と宣告されるべきだと主張したことはいかなるときにもいちどもありませんでした。私が考えてきたはずのものは常識のそれで、つまり或る種の戦争は正当化され、或る種の戦争は正当化されないという考えかたを私はしてきました。

これは、「帰結主義者の平和主義は、はたして真の意味で平和主義といえるか」という、かなり根本的な疑問を呼び起こすことになる――とはいえ、ある種の戦争を、それ自体原則として正当化すること（正戦論）と、別の原理から派生する例外として正当化すること（平和優先主義）のあいだには、依然として学説的には、なお一定の隔たりがあると思われるが。要するに、平和主義と非平和主義を根本的に区別しようと思うなら、純粋な帰結主義だけでは不十分で、何かが足りないのである。この点を補うために、平和主義者は前章で取り上げた義務論の力を借りる必要があるだろう。

殺人を絶対的に禁止する義務論の原理と並んで、結果次第では殺人も容認する帰結主義の原理もまた、政治道徳の世界が見せる一面である。あらゆる行為を一貫して整序づけるような単一の原理がいつか見つかればよいが、自然世界と異なり、私たちの道徳世界は、まだそれほど整然としていない。義務論と帰結主義はどちらも道徳世界の一部を構成しており、その世界の住人は、ときに衝突し合う両原理のジレンマの只中で、やむをえず個々の選択をしていくほかないのだ。戦争と平和の問題は、人間への影響が多大であるがゆえに、「暴走する路面電車」のケース（本書三九頁以下）と同種の道徳的ジレンマが、もっと大規模かつ広範囲にわたって現れるのである。

帰結主義のメリット

以上述べてきたことにもかかわらず、帰結主義は魅力的なアイデアであり、それゆえ帰結主義者の平和主義は魅力的なアイデアである。第一に、帰結主義は善悪の基準として、「最大多数の最大幸福」というシンプルで誰にでも理解可能な基準に訴える。第二に、帰結主義は原則として公平無私である。この特徴は一般的に、既得権益層の虚偽を暴き出し、真の被害者の利益を守るのに役立つ。第三に、帰結主義が平和主義にも非平和主義にも転じうることは、平和主義者にとってのメリットであるかもしれない。帰結主義のアイデア自体は、非平和主義者からの同意も得やすく、それゆえ平和主義者と非平和主義者が有意義な対話をする際の蝶つがいの役割を果たしうる。

この最後の点は、私たちが戦後直面してきた政治論議にとっても重要な示唆を与えている。わが国の改憲論者は概して、近代国家が自衛権を保持し、それゆえ自衛軍を備えるのは当然だとの前提から話を進める。自衛のための軍事力をもってこそ、一人前の国家になれるのだとの論調は、今も昔も相当根強い。しかしそこでは、軍隊をもつことの費用対効果、逆に軍隊をもたないことの費用対効果が真剣に考慮された形跡は薄い。また同じことは、もし護憲論が一切の議論の可能性を排して現行憲法に原理的に固執するならば、それにも当てはまるかもしれない。私たちは今一度、戦後の憲法制定段階の現場に立ち戻って、当時の幣原議員の言葉に真剣に耳を傾けてみてはどうだろうか。

以上、第二～三章の検討で、暴力ではなく非暴力にあくまでも固執する平和主義者の二つの言い分が明らかになった。しかし同時に、平和主義に物申したい非平和主義者の言い分も聞かなければ、公平ではないだろう。続く第四〜六章では、非平和主義者が、暴力の悪を十分に理解しながらも、ときに暴力を容認するのはなぜかということについて、その言い分を詳しく聞いていく。取り上げる対話相手は、順に正戦論（第四章）、現実主義（第五章）、人道介入主義（第六章）である。

第四章　正しい戦争はありうるか――正戦論との対話

「戦争には二つの種類の戦争がある」

戦後憲法制定時の帝国議会では、新憲法第九条がはたして自衛権の行使をも否定しているのかどうかについて、当然の議論が起きていた。この問いに関して、当時の首相吉田茂《よしだしげる》が、「若《も》し平和団体が、国際団体が樹立された場合に於きましては、正当防衛権を認むると言うことそれ自身が有害であると思う」と答弁し、国家自衛権に否定的な解釈を示したことはよく知られている（帝国議会衆議院一九四六年六月二十八日、表記は変更した）。それほどよく知られていないのは、この答弁に先立って、日本共産党議員の野坂参三《のさかさんぞう》が吉田首相に向けた以下の質問である。

戦争には我々の考えでは二つの種類の戦争がある、二つの性質の戦争がある、一つは正しくない不正の戦争である、是は日本の帝国主義者が満州事変以後起したあの戦争、他国征服、侵略の戦争である、是は正しくない、同時に侵略された国が自国を護る為めの戦争は、我々は正しい戦争と言って差支えないと思う、此の意味に於て過去の戦争に於て中国或は英米其の他の連合国、是は防衛的な戦争である、是は正しい戦争と云って差支えないと思う、

いうまでもなく、これが典型的な正戦論の思考様式である。戦争を十把《じっぱ》一絡《ひとから》げに否定することは、賢明でもないし正しくもない。なぜなら、確かに他国への侵略戦争が不正である一方、国土や国民を守るための自衛戦争は、法律的にも道徳的にも正当であるといえるからだ。憲法制定時における議論のひとつは、戦争の放棄や戦力の不保持について定めた平和主義条項の取り扱いについてだった。野坂議員は右の質問で、戦争には「正しい戦争」と「不正な戦争」の二種類があると述べ、戦後憲法はその区別すらも否定するのかどうかについて、政府の解釈を迫ったのである。

当時の野坂議員の真意は、おそらく「我々」共産主義者にとって、帝国主義勢力を打倒するための戦争は正当であるということだった。五五年体制と呼ばれる戦後日本政治の図式からするとやや分かりづらいのだが、マルクス主義の主流派は伝統的に、ある種の正戦論の学説をとっている（『ソ連共産党（ボリシェビキ）歴史小教程』二六八～二六九頁には、右記の質問とほぼ同様の文言が確認できる）。しかし、これは事の本質ではない。ここで言いたいことは、戦後憲法制定段階の一幕においてすでに、平和主義（吉田）対正戦論（野坂）の構図が鮮やかに現れていたという点である。

戦後の日本では、その後平和主義的思考が一般に普及していったこともあり、野坂議員に見られるような正戦論的思考は長らく脇に追いやられていた。しかし世界を見渡せば、正戦論は戦後から今日まで比較的一貫して影響力を保ち続けている。例えば欧米では、ヒトラーを打倒するための第二次世界大戦は「よい戦争」だったとの論調が当時から根強い。近年でも、二〇〇一年九月の同時多発テロ事件を受けて、計六〇名のアメリカ知識人が、テロとの戦いを「正戦」であると共同宣言している（Institute for American Values, "What We're Fighting for"）。本章では、このように戦争と平和の思想の一角を占める正戦論の学説を取り上げ、平和主義と対峙させたうえで相互の妥当性を検証していきたい。

1　正戦論とは何か

それでは、正戦論とは何だろうか。正戦論とは、戦争においても正不正の道徳判断を行うことができるという前提のもと、現実の戦争をより正しいものとより不正なものとに選り分ける一連の基準を示すことで、戦争そのものの強度と範囲に制約を設けようとする理論である。もちろん、どのような戦争であっても、自国や他国において深刻な人的・物的被害を引き起こすものである以上、忌むべきものであることは当然である。にもかかわらず、正戦論者は、忌むべき戦争のあいだにも道徳的な優劣があると主張する。戦争の全肯定でも全否定でもない中間地点を探そうという理論的努力が、一六〇〇年以上に及ぶ正戦論の伝統を形づくっているのだ。

正戦論の出自

正戦論の歴史的出自は、実は絶対平和主義と同じキリスト教にある。そもそも、キリスト教の創始者イエス・キリストの教えは、「敵を愛し、自分を迫害する者のために祈りなさい」（マタイによる福音書五・四四）という言葉に見られるような、不当な攻撃をも甘受する徹底的な非暴力の精神を特徴としていた。この精神に基づき、初期のキリスト教徒は、激しい弾圧や迫害にも殉教を辞さない立場を貫いた。しかしこの特徴は、キリスト教の普及と引き換えに徐々に失われていくことになる。

キリスト教は、当初の苦難の時代を経ながらも、コンスタンティヌス帝による公認（三一三年）、テオドシウス帝による国教化（三八〇年）を契機に、帝国中に幅広く浸透していった。それはすなわち、兵士を含む帝国市民がキリスト教徒になるということだ。当時は、西ゴート人によるローマ掠奪（四一〇年）など、異民族（ゲルマン民族）の侵入によって帝国領土がしばしば脅かされていた時期である。こうした帝国存亡の危機に直面して、はたしてキリスト教徒が帝国兵士として従軍することは許されるのかどうかが、大きな問題となったのだ。

この問題に正面から取り組んだのが、古代ローマ帝国末期のキリスト教父アウグスティヌスである。アウグスティヌスが住んだ北アフリカも、同時期に異民族の襲来を受けることになる。彼はこうした状況下で、その師アンブロシウスの影響も受けつつ、許される戦争の目的と手段に限定を加えることで、キリスト教本来の非暴力の教えと、現実のローマ帝国民の従軍とのあいだの矛盾に折り合いをつけようとした。要するに正戦論は、宗教上の平和主義と世俗上の現実政治のはざまで生まれてきたのだ。

この点において「正戦」（ジャスト・ウォー）は、神に命じられた神聖な戦争、「聖戦」（ホーリー・ウォー）の考え方とは異なる。むしろ、戦争とはきわめて人間臭い行為であるのだ。アウグスティヌスいわく、「人びとは……マルスは戦争の神であると主張したが、それは人間の業《わざ》であって望ましいものではない」（『神の国二』九七頁）。戦争は本来道徳的に非難されるべきであり、やむをえず行う場合でも、その目的と手段は厳しく制約されるべきである。そこで「正しい」戦争とは、実際には「本来は望ましくないが必要悪として正当化される」の短縮形であると考えた方がより適切だろう。

アウグスティヌスの後に正戦論の体系化に重要な役割を果たしたのが、トマス・アクィナス、ビトリア、スアレスといった中世の神学者たちである。かれらはアウグスティヌスの学説などに基づいてそれを体系化し、正戦論が国際法に反映されるまでの素地を作った。さらに時代が下ると、「国際法の父」と呼ばれるH・グロティウスが『戦争と平和の法』（一六二五年）を著し、神学的基礎から切り離された世俗的自然法の観念に基づいて、正戦の一連の基準を提示する。グロティウスの登場と前後して、正戦論は神学的教義から法学的教義へと次第に転換していった。

（それゆえ、現在の正戦論を、あたかもキリスト教の内部から単線的に発展した神学の一種として理解するのは、必ずしも正確ではない。専門家によれば、正戦論の言説は現在、政治哲学・国際法・職業軍人倫理・軍事政策・神学のなかで、互いに関連しつつも複線的に発展を遂げているという〔Johnson, "The Just War Idea and the American Search for Peace," pp. 73ff.〕。正戦論のアイデアの多くがキリスト教の伝統に起源をもつことは間違いないが、以下で見るように、それは法学・政治学等のまったく世俗的な用語でもパラフレーズ可能なのである。）

自衛／侵略の二分法

近代以降、法学的教義に組み込まれた正戦論は、主権国家体制が確立していく十八世紀から十九世紀にかけて、さらなる変質を遂げた。すなわち、主権国家が排他的権威を獲得するのとは裏腹に、正義の国際的判定者が不在となるなか、「正しい戦争と不正な戦争は区別できない」とする無差別戦争観が成立したことである。この戦争観のもとでは、戦争は双方が「国家理性」に基づいて自由に行う政治の延長であり、そのどちらが正しく、どちらが不正かを決定する法的根拠は存在しない。こうして正戦論は、比較的短期間であるが、いったん背景に退くことになった。

二十世紀、第一次世界大戦の惨禍を経て、国際条約の制定や国際機関の設立により、今度は戦争それ自体を違法化しようという平和主義の機運が高まる。大戦後の国際連盟の設立（一九一九年）や不戦条約（一九二八年）がその例である。ただし国際関係論では、ミュンヘン会談（一九三八年）における対ナチス・ドイツの有和《ゆうわ》政策が失敗したことを受け、こうした試みをユートピア主義と断じて、より上位の権威を欠く国際社会では、「戦争の正不正を議論するのは無意味だ」と考える現実主義が主流になっていった（本書一三九頁）。

第二次世界大戦の惨禍を経てからは、国際連合の設立（一九四五年）によって、戦争を含む武力行使そのものを違法化する取り組みが再開される。しかしそれは、侵略戦争に対する自衛戦争の余地を明示的に認めるものであり、その点では平和主義よりも正戦論の系譜に棹《さお》差すものだった。こうして、自衛／侵略の二分法のもとに、正しい戦争と不正な戦争を区別する正戦論的思考が、戦後限定的に復活したのだ。例えば国連憲章には次のような規定がある（第五一条）。

この憲章のいかなる規定も、国際連合加盟国に対して武力攻撃〔憲章仏語版では「武力侵略（une agression armée）」——筆者〕が発生した場合には、安全保障理事会が国際の平和及び安全の維持に必要な措置をとるまでの間、個別的又は集団的自衛の固有の権利を害するものではない。

正戦論は、以上のような歴史を経て、平和主義とルーツを同じくしながらも、それと対立する学説として発展していった。その基本的想定は、「戦争はときに正しく、ときに不正だ」

というものだ。この点で正戦論は、自衛戦争も含めて戦争一般に反対する平和主義と正面から対立する。本章冒頭の野坂議員と吉田首相のあいだのやり取りは、以上の対立軸を典型的に反映するものである。またこれを敷衍《ふえん》すれば、自衛権の武力的行使の正当性を原則として明記しようという憲法改正の動向は、学説的次元では、国際関係の指針を平和主義から正戦論へと転換しようとするものと分析できる。

付言すると、アウグスティヌス以降、中世までの神学的正戦論の段階では、自衛／侵略の二分法が必ずしも厳守されているわけではなく、場合によっては自衛戦争に加え、一部の攻撃戦争もまた正戦であると考えられてきた（例えば、ビトリア「戦争の法について」一七二頁、スアレス「戦争について」一五七、一六〇頁）。ただし今日では、キリスト教のなかでも一般に、以上の二分法が受け入れられているといってよい。例えば、カトリック教会の第二バチカン公会議（一九六二～六五年）で成立した現代世界憲章では、「国民を正当に防衛するために戦争をすることと、他国の征服を意図することは同じではない」と確認されている（『公文書全集』三九〇頁）。

国内類推

ところで、国連憲章には国家の自衛が「固有の権利」であると書かれている。こうした想定は、国際社会の国家が、国内社会の個人と同様に権利の保持者であるという正戦論的思考を反映しており、国際関係論の用語で「国内類推」と呼ばれている。その発想はこうだ。国内社会において私たち一人ひとりは、自己の生命に対して不可侵の自然権をもっている。そこで、こうした権利を侵害しようとする他人に対しては、ときに実力に訴えてでもその排除を辞さない。こうした行為は正当防衛として広く認められている（本書四三頁）。国内類推とは、この個人の正当防衛の観念を、国際社会を構成する国家にも適用しようとする論理である。

国内類推のもとでは、国家は一種の法人格として、個人と同様に一個の権利主体と見なされる。例えば、十八世紀スイスの法学者E・ヴァッテルは、国家を「自己の判断力と固有の意思をもち、そして義務および権利能力のある法人」と定義している（「『国際法』一」二一三頁）。そこで、ある国が別の国に侵攻や介入を働いた場合、それは被害国という「法人」の権利侵害、すなわち侵略という一種の犯罪行為と見なされることになる。国家自衛権は、国際社会を構成する国家の固有の権利として、こうして個人の正当防衛との類推から、国際法上正当であると見なされるのである。

2　自衛戦争は正戦か

以上が正戦論の基本的な論理構成である。国家が個人と同様、一個の権利主体であるという正戦論の想定は、一応受け入れられる。元はといえば、国際社会という観念自体、国家の擬人化に基づくものだからだ。問題は、その権利が戦争を正当化するほど強いものかどうかということである。国連憲章によると、自衛権は国家「固有の権利」（憲章仏語版では「自然権〔au droit naturel〕」）である。これが意味することは、自衛権それ自体は憲章が締結される以前から各国家に備わっており、憲章は単にそれを追認したにすぎないということだ。しかし、考えてみると不思議な話である。国家は人間が生み出した人工物にすぎないのに、どうしてその権利が「自然的」などといえるのだろうか。本節では、この実は謎めいた国家自衛権なる観念の性質について、そもそもの理屈を確認してみたい。

社会契約の論理

以上の問いに関して、正戦論者はひとつの答えをもっている。すなわち、国家の権利に先立って、本来存在するのは個人の権利である。確かに、人間一人ひとりが天賦の（天から授かった）人権として、自己の生命に対して不可侵の自然権をもつという考えは、ごく一般的なものである。日本国憲法にも、基本的人権は「侵すことのできない永久の権利」だと規定されている（第一一条、第九七条）。しかし国家は違う。国家はある時点で誰かが人工的に、この世に生み出したものである。それではどのような経緯で、人工物である国家が擬似人格的な権利主体になるのだろうか。

国家の設立の経緯を振り返ってみよう。例えばフランス人権宣言（第二条）には、次のようにある（高木《たかぎ》八尺《やさか》他編『人権宣言集』一三一頁）。

> あらゆる政治的団結の目的は、人の消滅することのない自然権を保全することである。
> これらの権利は、自由・所有権・安全および圧制への抵抗である。

理屈はこうである。個人は自己の生命に対して不可侵の自然権をもつが、その権利を実効的に守るためには、何らかの強制力を備えた保障主体が必要になる。そこで人々は、自らの自然権を保障するために団結し、集団的に国家を形成することに同意するだろう。国家の存在理由は、国家が個人の権利を個人に代わって保護することへの個人一人ひとりの同意に依拠している。こうして、国家に先立つ個人が権利の究極主体として国家を設立したというのが、近代社会契約の論理である。

この論理に基づけば、国家がその身を守ろうとするのは、ひとえに個人の身を守るためである。本来存在するのは個人の権利の方であって、国家の権利はその信託を経て生まれたにすぎない。ヴァッテルが言うように、「あらゆる国民は自己を保存する義務がある……この義務は神が創造し給うた個人にとっては自然的なものであるが、国民にとっては自然に直接由来するのではなく、市民社会が形成される契約に由来するのである。したがって、それは決して絶対的なものではなく、条件的なものである。つまり、それは人間の行為すなわち社会契約を前提としている」（『国際法』二」三一五頁）。

まとめると、国家の権利の価値は、個人の権利の価値に依存し、そこから導かれるというのが、社会契約の論理が意味していることである。前者の保障が重要なのは、ひとえにそれが後者の保障に役立つからである。個人の権利はそれ自体で価値があるが、国家の権利はそうではない。それは束《つか》の間、契約に基づいて成立しているにすぎない。

国家の死は個人の死と同類か

ただしそうだとすると、社会契約の論理に従えば、ある場合には国家自衛権が無条件に成立するとは限らなくなる。なぜなら、フランスの思想家J＝J・ルソーがよく承知していたように、「ときには、国家の構成員を一人も殺さずに国家を殺すことができる」からだ（『社会契約論』二五頁）。X国がY国を侵略したとしよう。Y国政府は徹底抗戦の意志を示しているが、もし自衛戦争に踏み切れば、Y国民のあいだに多大な死傷者が生じることは確実である。こうした場合、それでもY国政府は自衛戦争に踏み切るべきなのだろうか。はたして一国家が地上から消えることは、一個人が地上から消えること以上に悪いことだろうか。

　正戦論者の答えは簡明直截《ちょくせつ》である。それでも国家の保全なしに、個人の保全はありえない。それはそうだろう。それが当初の社会契約の契約内容であったのだから。次の問いは、この保全者が自衛国である必然性があるかどうかである。X国に侵略されたY国が、Y国民の唯一無二の権利保障主体ならば、Y国が敗北し消滅すれば、Y国民は無権利状態に陥る。Y国民の権利を保障する唯一の手立ては、Y国の領土と主権を保全するための自衛戦争に踏み切ることである。Y国の国家的権利と、Y国民の個人的権利は、いわば一蓮托生《いちれんたくしょう》である。しかしながら、必ずしも以上の推論が当てはまらない場合も多い。

　第一に、自衛国YがY国民の唯一の権利保障主体であるかどうかは定かではない。侵略国のX国は、Y国の統治体制に攻撃を加えているのであって、Y国民を一人残らず殲滅《せんめつ》しようとしているのではない。侵略によって政府は転覆され、指導者は追われ、武装解除されるかもしれない。しかし、X国は個々のY国民の生命を直接の攻撃対象としているのではない

——あるいはその場合、侵略ではなくジェノサイド（集団殺害）と呼ぶべきだろう。大半の侵略はジェノサイドの類のものではない。Y国民は権利の保障主体として、Y国ではなくX国に新たな庇護《ひご》を求めるだろう。

第二に、自衛国YがY国民の最善の権利保障主体であるかどうかも定かではない。確かに、Y国民がはじめに頼るべきはY国である。しかし、Y国民が被るいかなる人的・物的被害も省みず、Y国政府がX国に対する自衛戦争を強行するとなれば、話は別である。Y国民は考慮の末、自衛よりも降伏の方を望むかもしれない。フランス人権宣言にあるように、一国家の設立目的が「人の消滅することのない自然権を保全すること」だとするならば、その国の政府が、自国の領土と主権を遮二無二守るために国民の犠牲を要求することは、当初の設立目的と根本的に矛盾している。

コミュニティの権利

Y国がY国民の唯一の権利保障主体であるとも、さらには最善の権利保障主体であるとも、必ずしもいえないにもかかわらず、X国の侵略戦争に対するY国の自衛戦争がなぜ正当であるといえるのだろうか。ひとつの可能性は、そもそもY国の自衛戦争の目的は、Y国民個人の生命を保全することに尽きないということだ。むしろ多くの場合、その目的は、Y国民が集団的に形成するコミュニティの存在を保全することである。だからこそY国民は、自分の生命を危険にさらしてまで自衛戦争に参加するのだし、Y国政府も国民にそれを要求しうる。評論家の福田《ふくだ》恆存《つねあり》は次のように言う（「平和の理念」三二六頁、表記は変更した）。

> 命に替えても守りたいもの、或は守るに値するものと言えば、それは各々の民族の歴史のうちにある固有の生き方であり、そこから生じた文化的価値でありましょう。その全部とは言わないまでも、その根幹を成すものをすべて不要のもの、乃至《ないし》は悪いものとして否定されれば、残るものは生物としての命しかありますまい。

これは検討に値する主張である。なぜなら、Y国民の安寧は、侵略国Xが提供しうる生命の安全以上のものを必要としているように思われるからである。あらゆる個人にとって、自分が帰属するコミュニティは、言語・習慣・宗教・文化・経済の基盤であって、その価値を低く見積もるべきではない。コミュニティを抜きにして、個人が十全な人生を送ることはできないのである。侵略と併合によりX国の新たな統治体制に組み込まれるならば、たとえY国民の生命が無傷であっても、そのコミュニティの基盤は消滅の危機に瀕する。しかもその場合、最大の被害者となるのは、適応能力に優れた知的・文化的エリート層ではなく、所与のコミュニティの存在に依存する度合いの高い一般市民層である。

それゆえ、国家自衛権を擁護するため、個人の権利ではなくコミュニティの権利に訴える議論にはより見込みがある（ウォルツァー『正しい戦争と不正な戦争』第四章、同『政治的に考える』第一三章）。ただし、ここにも問題がなくはない。第一に、一国内のコミュニティは単一ではない。日本のような同質性の高いとされる国家においてさえ、民族や文化が単一であることはもはや神話でしかない。第二に、このように一国内のコミュニティが多様であるなら、それだけ国家というコミュニティの自衛の必要性も薄められることになる。極例を挙げれば、かりにアイルランドが隣国イギリス領の北アイルランドに侵攻した場合、同地域のアイルランド系住民が、イギリス側の自衛戦争に積極的に参加する理由がどれだけあるだろうか。

結論をいうと、国家の保全と個人の保全とのあいだの関係は、せいぜいのところ偶然的に留まる。そして、後者と無関係に前者を強弁しようとするなら、コミュニティの保全という別個の観念をもち出す必要がある。もちろん、この説明が成功するかどうかは別問題である。それは依然として、国家自衛権の正当性を示すための有力な説明であるかもしれない。ただしこうした説明は、個人を究極的権利主体であるとする社会契約の論理とは相容れない。コミュニティの権利に依拠した正戦論を展開したいのであれば、それに先立って、個人ではなくコミュニティから出発することについて、別個の論拠を示さなければならない。

ところで、正戦論の話題をいったん脇に置くと、現代の政治哲学では、個人を基底とするかコミュニティを基底とするかをめぐる、いわゆるリベラル＝コミュニタリアン論争と呼ばれる相当の議論の蓄積がある。論争の発端は一九八〇年代のアメリカにさかのぼるが、近年まで幾分の展開を遂げながらも、決定的な決着はまだついていない（詳しくは、ムルホール／スウィフト『リベラル・コミュニタリアン論争』を参照）。コミュニティの保全を声高に主張することは、実はそれ自体、以上の点でかなり論争含みの議論である。その意味で、本節で論じた正戦論の原理的問題は、政治哲学におけるより大きな議論の文脈のなかに位置づけられるのが適当かもしれない。

3　正戦を知りうるか

以上見てきたように、結局のところ国家が自衛の固有の権利をもつという考えは、突き詰めていくと決して自明とはいえない。しかし、ここでは議論を先に進めて、侵略戦争は不正な戦争であるが、自衛戦争は正しい戦争であることを認めよう。しかし、正戦論者にとっての課題はまだ残る。具体的に、いつどの戦争が自衛戦争であり、それゆえ正しい戦争であるかを、誰がどのようにして知りうるのだろうか。

「克服しえない無知」の問題

もっともありうるシナリオは、交戦国の双方が「自分こそ侵略の被害者で、自衛権を正当に行使しているだけなのだ」と主張することである。このシナリオは、正戦論者が伝統的に頭を悩ませてきた問題である。戦争の正不正の線引きをする基準が原理的に存在するとして、それを実践的にどのように適用したらよいだろうか。というのも、ほとんどあらゆる交戦国は、自分はただ身を守っているにすぎない、相手こそ侵略国で自分こそ自衛国なのだと主張するに違いないからだ。しかし、領土設定という歴史的問題からしても、何をどこまで自衛の範疇と捉えるかは、単なる原則論では済まない場合も多い。

例えば、一九八二年に生じたフォークランド紛争では、交戦国のイギリスとアルゼンチンの双方が、相手国の行為を「侵略」だと非難し合った。顚末《てんまつ》はこうである。南米大陸の最南端、アルゼンチンの東沖に位置するフォークランド諸島（マルビナス諸島）は、一八三三年以降イギリスが実効支配を進めてきたが、アルゼンチンもまた独自の領有権を主張してきた。当時軍事政権の末期だったアルゼンチンでは、内政に対して高まる国民の不満をそらす意味で領土問題を利用し、フォークランド諸島の軍事制圧を強行した。この軍事行動に対しては

アルゼンチンとフォークランド諸島（マルビナス諸島）　G. Smith, *Battle Atlas of the Falklands War 1982 by Land, Sea and Air*, rev. ed.（Penarth: Naval-History, 2006）, p. 12をもとに作成

イギリスも軍事的に反撃し、比較的短期間のうちにアルゼンチンの敗北で紛争は終結した。

一見すると、アルゼンチンの先制的侵略に対するイギリス側の自衛権行使という構図に見える。しかし、そもそも本国から遠く離れた南半球の諸島がイギリス領であること自体、植民地時代の遺産であり、南側諸国にとっては決して歓迎できる事態ではなかった。また、中国や旧ソ連等の東側諸国は紛争の発生を受けて、イギリスではなくアルゼンチンの領有権を支持する立場に回っている。このように、互いに正当性を主張し合う両国があった場合、それらの正当性を不偏不党の立場から判定するアンパイアが、今の国際社会にいるだろうか。理想的には国連（とくに安保理）がその役割を果たすべきだが、残念ながら当時も現在も、その実効性を確立するまでには至っていない。

正戦の認定に伴うこの問題は、神学的概念の一種で「克服しえない無知」と呼ばれており、近世以降の正戦論者を常に悩ませてきた。交戦国のいずれも自国の正当性を主張する場合、とりわけその主張がやむをえない思い違いに端を発する場合、その国の非を責められるのかどうかという問題である。事実、ウェストファリア条約（一六四八年）以降に普及した主権国家体制のもとでは、各国の政治的決定を外から判定しうる（皇帝や教会などの）より上位の権威が否定され、正戦の認定基準が急速に相対化していくことになった。こうして十八世紀後半から、主権国家体制の確立と引き換えに、正戦論は無差別戦争観に一時その座を譲ったのである。

例えば、十八世紀半ばに正戦論を唱えたヴァッテルは、一方で次のようにも言っている。「諸国民は平等かつ独立しており、相互に判断の権利を主張できないのであるから、そこから導かれることは、疑いの余地を残すあらゆる場合において、交戦中の両国の軍事力は……等しく合法であると見なさなければならない、ということだ」（Vattel, *The Law of Nations*, p. 489）。ヴァッテルはここから、交戦国の双方とも形式的に正当でありうるような戦争、すなわち（正しい戦争とは区別される）正式戦争の可能性を肯定し（ibid., pp. 507-508）、これが後の無差別戦争観へと繋がった。正義の判定者をめぐる「克服しえない無知」の問題は、歴史的に見ても正戦論そのものを自壊させかねない、深刻な問題なのだ。

戦争プロパガンダ

さらに深刻な問題は、国際社会の誰が見ても明白な侵略戦争を、政治指導者が「自衛戦争だ」と強弁し、国民に吹聴することである。近代の民主国家においては、一国の戦争は少なくとも建前上、国民世論の後押しを受けて行われることになっている。しかし問題は、私たちが自国の戦争に関する情報を、間接的に政府やメディアを通してしか知りえないという点にある。政府は敵国の意図を見誤っているかもしれない。不都合な情報を隠蔽しているかもしれない。紛争問題の正確な歴史認識を欠いているかもしれない。

イギリスの政治家で民主管理同盟（本書八三頁以下）の一人A・ポンソンビーは、世論を操作するためにしばしば用いられがちな戦時の嘘として、次の項目を挙げている（モレリ『戦争プロパガンダ10の法則』より重引）。

・われわれは戦争をしたくはない
・しかし敵側が一方的に戦争を望んだ
・敵の指導者は悪魔のような人間だ
・われわれは領土や覇権のためではなく、偉大な使命のために戦う
・われわれも誤って犠牲を出すことがある。だが敵はわざと残虐行為におよんでいる

・敵は卑劣な兵器や戦略を用いている
・われわれの受けた被害は小さく、敵に与えた被害は甚大
・芸術家や知識人も正義の戦いを支持している
・われわれの大義は神聖なものである
・この正義に疑問を投げかける者は裏切り者である

政府がいったんある戦争を決意すると、あらゆる情報がその正当化に向けて都合よく配置され始める。宣伝される自己イメージはいつも一緒だ。いわく、自分たちは悪魔のような敵国の被害者であり、正当な大義のもとで否応なく、正々堂々と節度をもって、しかも確実な勝利のために戦っている。非の打ち所のない見事な勧善懲悪の筋書きではないか。実際、第二次世界大戦時のナチス・ドイツでさえ、ポンソンビーの法則に従い、いわゆる「生存圏」(レーベンスラウム)構想のもと、こうした自己イメージを盛んに喧伝していたのだ。

戦後においても、この種の自己弁明が鳴り止む気配はない。アメリカのベトナム戦争参戦は、南ベトナムとの集団的自衛権の名目のもとに行われた。アメリカのニカラグア干渉(一九八一年〜)やグレナダ侵攻(一九八三年)の口実も、集団的自衛権の行使あるいは在外自国民保護だった(前者は国際司法裁判所によって国際法違反と認定され、後者は国連総会の決議に

よって強く非難された)。湾岸戦争後のブッシュ前大統領暗殺未遂事件(一九九三年)の際には、すでに容疑者が逮捕されていたにもかかわらず、アメリカは自衛権の名のもとにイラクを爆撃した。ケニアとタンザニアのアメリカ大使館爆破事件(一九九八年)の際にも、アメリカは自衛権の名のもとにスーダンとアフガニスタンを爆撃した。同時多発テロ事件後のアフガン戦争(二〇〇一年)は、英米が個別的・集団的自衛権を発動して始まった。イラク戦争(二〇〇三年)に先立っては、安全保障上の脅威に対して先制的に自衛権を行使しうるとの戦略方針(いわゆる「ブッシュ・ドクトリン」)が示された。戦後の国際関係の歴史は、自称「自衛戦争」のリストで満ちあふれている。

認識論的平和主義

中世後期の神学者エラスムスは問う、「ところで誰か、自分の理窟を正義だと思わぬ人がいらっしゃるか」(「戦争は体験しない者にこそ快し」三二九頁)。そう、誰もいない。だからこそ、国際社会において正義は多分に相対的なものとなり、正しい戦争と不正な戦争を区別する正戦論は実践的に困難を抱えることになる。ただし、戦争の正義についての無知を認めるからといって、過去の歴史が進んだように、「何でもあり」の無差別戦争観に至る論理的必然性はない。むしろ逆に、無知を免れないからこそ、どのような場合でも戦争を差し控えるべきだという判断も成り立つからだ。

議論を進めるために、真正の侵略に対する真正の自衛のための戦争は正しい戦争であると、いったん認めよう。しかしなお、一体どの戦争がその資格を満たしているかは、少なくとも一般市民が簡単に判別できることではない。これらの問いを専門家に委ねるというなら、専門家の判断の正しさをなぜ確信できるのかがさらに問われなければならない。私たちの認識能力には常に限りがある。平和主義者はこの私たちの誤りやすさに訴える。繰り返し「その戦争は本当に正しいのか」と問いかけ続けることで、これまでいかに多くの不正な戦争が、正しい戦争を装ってきたかを思い出させてくれるのだ。

4　「非暴力は無責任」批判

以上検討してきたように、確かに正戦論は国際関係論上の有力な学説であるが、異論がないわけではない。第一に原理的問題として、自衛戦争が正戦であるとの考えは、よく考えれば決して自明ではない。国家の権利は個人の権利を基礎にしているが、それは国家自衛権の行使を無条件に肯定するものではなかった（第2節）。第二に実践的問題として、正戦が原理的にありうるとしても、ある戦争が実際に正戦であるかどうかは、決して容易には知りえない。私たちは戦争の目的や状況を、しばしば自分の都合の良いように見誤るし、そもそも政府が公言する建前どおりの意図をもって戦争に臨んでいるかどうかも定かではない（第3節）。これらの点を考え合わせると、私たちはある戦争に「正義」のラベルを付すことに対して、きわめて慎重になる必要がある。

しかし、正戦論者は平和主義者に逆の質問を投げかけるだろう。確かに、私たちはときに間違いを犯すかもしれない。結局のところ、人間はどこまでいっても不完全な存在である。しかしだからといって、間違いを恐れて立ち上がらないことは正しいのか。いずれにしても、この世界は不正で満ちあふれている。失敗を恐れて行動を起こさないのは、暗に不正を追認し、不正に加担しているようなものである。綺麗ごとを言っていても始まらない。暴力は不正かもしれないが、だからといって非暴力が不正から安全だと考えるのは誤りである。安易な逃げ道などないのだ。

ニーバーの批判

こうした批判を展開しているのが、「ニーバーの祈り」で有名なアメリカの神学者R・ニーバーである。ニーバーは、もともとクエーカー系の団体に所属する平和主義者であったが、ヨーロッパでナチス・ドイツが台頭していくなかで立場を転向し、逆に徹底した平和主義批判の側に回った。友好国イギリスの苦境に見て見ぬふりをし、アメリカの孤立政策を支持する当時のキリスト教平和主義者に対して、ニーバーは強い憤りを感じており、代わってオピニオン誌の発行や執筆などを通じて、自由と文明の敵であるナチス・ドイツに対して軍事的対抗措置をとるよう断固主張したのだ（ニーバーはしばしば現実主義者として紹介されるが、対外政策の目標として正義の価値を否定していないので、ここでは正戦論者として位置づけた方が分かりやすいように思う）。

ニーバーは現代のアウグスティヌス主義者で、人間が原罪を負った罪深い存在であることから出発する。人間は善を目指すこともできるが、それと同じくらい悪に加担しがちな傾向もある。実際、この世から悪人がいなくなった先例はないではないか。とりわけ、人間が集団を形成し、国家一団となって行動する際には、この悪に加担しがちな傾向が露骨に現れる。この単純な事実を踏まえれば、「責任を以て政治的秩序に当る限り、暴力を無制限的に否定することは不可能である」（『基督教倫理』一九七頁、表記は変更した）。悲しいかな、神の国ならぬこの地の国では、正義の実現と暴力の行使を切り離すことはできないのだ。

ところが、平和主義者は暴力の間違いを恐れるあまり、暴力手段を放棄することで、安易な道に逃げ込んでいる。それは正義を拓く道ではなく、不正を耕す道になるだろう。非暴力を貫くことで正義が実現されると考えるのは大きな間違いである。なぜなら、非暴力はその意図とは裏腹に、消極的にであれ、不正に加担することになりうるからだ。人間の不完全性に鑑みるなら、ただ単に武器を投げ捨てたところで、正義が実現される保証はない。いや逆に、正義を追求する積極的責任を放棄してしまうことにもなりかねない。ある共著論文で、ニーバーは次のように言っている（「神は正義と平和とを望みたもう」三七頁）。

平和と正義との選択に迫られる時にはパシフィストは、正義の要求よりも、平和を高調するようになる。非暴力は愛の純粋な表現と考えられ、正義のための闘いは粗暴劣等な愛の接近と思われる。……しかしまた正義の本質は罪悪との妥協ではなく、単に悪の世界における愛の接近でもない。それは愛の一次元から出る社会責任を示している。正義は罪の社会における愛の手段である。暴力が伴なう場合に、それを捨てるのは無責任である。

正戦論者は現実の不正に直面して、暴力手段を拒絶せず、手を汚す覚悟がある。それにひきかえ平和主義者は、この不正への対処を非平和主義者に押し付ける無責任な存在だ。平和主義者が暴力を忌避するのは、結局自分の手を汚したくないからだ。それはわが身可愛さから出た選択であって、決して社会全体の善から出た選択ではない。結局のところ非暴力の教えは、自分だけ率先して助かりたいという平和主義者の拡大されたエゴにすぎないのではないか。以下では、「非暴力は無責任だ」とのニーバーの批判に対する、平和主義の観点からの応答を試みたい。

平和主義者は無責任か

はじめにいえることは、ニーバーの批判がそもそも、本書第一章第4節で紹介した絶対平和主義と平和優先主義を区別しそこねているのではないか、ということだ。前者はともかく後者にとって、非暴力の教えは非平和主義者も含む社会一般が採用すべき政治的選択の一種であり、その提案には連帯責任が伴うものである。平和主義者は非暴力手段を、自分だけでなく非平和主義者も採用すべきだと主張する。ならば政治的決定として、最終的に暴力手段が採用されたなら、原則として、それを不承不承受け入れるのが平和主義者の務めだろう。逆にもし非暴力手段が採用されたなら、非平和主義者にそれを不承不承受け入れさせるつもりだったのだから、それは当然である。そのうえで、宗教などの理由による良心的兵役拒否を認める余地が出てくる。

それでは次に、良心的兵役拒否者が無責任かどうかを問うてみよう。従来、絶対的な非暴力の方針を掲げ、宗教的理由から兵役を拒否してきた集団としては、ブレザレン、メノナイ

E・ヒックス「平和な王国」(1834年)
背後で先住民と協定を結んでいるのがW・ペンだといわれる　National Gallery of Art, Washington, DC

ト、クエーカーなどの歴史的平和教会が挙げられる（本書二七頁）。歴史的平和教会の諸宗派は、十六～十七世紀の宗教戦争の惨禍を経たヨーロッパで生まれ、おおむね共通して原始キリスト教への回帰を唱えながら、その後は新天地を求めて北米大陸にも渡っていった。以下では、清教徒革命期のイングランドで成立・発展したクエーカーの事例を取り上げて、良心的兵役拒否の実際の姿を確認してみたい。

　一六八二年、クエーカーのW・ペンは、彼の苗字を冠した北米のイギリス植民地ペンシルバニア州に移住し、自身の信仰に基づく政治体の創設を始めた。ペンの生前、彼自身の精力的な投資にも支えられて、この試みは一定の成果を挙げていたようである。しかしその後、フランスとの苛烈な植民地争奪戦（フレンチ・インディアン戦争、一七五四～六三年）に巻き込まれた同州にあって、軍隊を正式に認める議案――クエーカーは代替措置に服する代わりに、兵役から除外されていた――に対して、クエーカーは賛成の投票をせざるをえず、結局一七五六年に、かれらは同州の議会から自発的に去ったのである。こうして、絶対平和主義という宗教的理想を政治の世界で実現しようとするペンの「聖なる実験」は、七〇余年で幕を閉じることになった。

植民地諸州は引き続いてイギリス本国との独立戦争（一七七五〜八三年）に突入していったが、その際も宗教的理由により参戦を拒む者の嘆願が殺到した。戦争準備を進める大陸会議は、絶対平和主義を唱える宗派に対して、非暴力的な方法で戦争に協力すべきと考え、軍務を拒否しても罰しないが、代わりに戦争を支援するための税金と課徴金を支払わせることを決定した（カーランスキー『非暴力』一一八頁）。これも一種の戦争協力と考えれば、クエーカーにとっては依然として厳しい判断だったに違いない。創設期のアメリカでは、参戦をする者もしない者も、自身の信念と社会的責任とのあいだにギリギリの接点を見出すべく、模索を続けていたのだ。その後アメリカは、南北戦争（一八六一〜六五年）の時代に徴兵制度を開始し、併せて良心的兵役拒否も規定として制度化するに至った。長年の反戦平和運動の取り組みが認められて、クエーカーの団体には一九四七年にノーベル平和賞が贈られている。

ここから言えることは二つある。一つ目は、たとえ一部の絶対平和主義者が暴力を忌避し、兵役を拒否するからといって、無責任であることにはならないということだ。なぜなら、こうした兵役拒否者に対しては、通常課徴金や社会奉仕によって兵役を代替することが求められるからである。非暴力を貫く平和主義者は、そのことで暴力に代わる相応の責任を果たしているのであり、決して社会のフリーライダー（ただ乗りをする者）ではない。確かに兵役は自己犠牲の精神を必要とするが、それは兵役の代替措置も同じである。平和主義者にとって決定的に重要な違いは、兵役が殺人の覚悟を要求する一方、兵役の代替措置はその覚悟を要求しないということだ。

二つ目は、社会的恩恵と社会的負担が関連しているということだ。歴史的平和教会の一部宗派のように、普段から小規模の共同体に留まり、自足的生活を送っている人々の場合、有事にあっても非関与のままでいることができる。逆に、経済・福祉・教育その他、社会生活全般に対して日常的に関与し、またそこから恩恵を得ている人々の場合、対外政策面についてだけ「われ関せず」というわけにはいかない。おそらく私たちは、互恵性に基づく段階的責任を想定すべきだろう。現今社会で、平時に大きな恩恵を得ていればいるほど、有事に――兵役であれその代替措置であれ――大きな負担が求められる。とはいえその場合、ニーバーが「無責任だ」との批判の矛先を本来向けるべきだった相手は、平和主義者などではなく、特定の世代や特定の身分、特定の階層に山ほどいるはずなのだが。

正戦論の二重の機能

以上本章では、正戦論の主張と、それに対してありうる平和主義的反論を示してきた。最後に指摘したいことは、正戦論と平和主義は原理的にはともかく、実践的には必ずしも相容れないわけではないということである。両者がそもそも、古代キリスト教を同根の出発点としていたことを思い出そう。その歴史的な出自からも明らかなように、正戦論者は、戦争が悲惨であり避けられるべきだという基本的なアイデアを、平和主義者と共有している。両者の基本的な心構えは同じである。すなわち、戦争は本来道徳的に非難されるべきだという点、それゆえ、ある戦争の是非をめぐって意見が対立した場合、その挙証責任は第一義的に、戦争に反対する側ではなく賛成する側にあるという点である。

正しい戦争の姿を提示することは、同時に不正な戦争の姿も提示する。正戦論を評価するにあたっては、この二重の機能を忘れるべきではない。例えば、元アメリカ合衆国大統領のJ・カーター（二〇〇二年ノーベル平和賞受賞）は、ブッシュ政権が始めようとするイラク戦争に反対する際、正戦論の諸原則に照らし合わせたうえで、「目下のイラクへの単独行動主義的な攻撃が、その基準に見合っていないのは明らかだ」と主張した（『朝日新聞』二〇〇三年三月十一日付）。本章冒頭で触れたように、正戦論がこうして今日もなお政治論議の一端を占めているという事実は、平和主義者にとって必ずしも全面否定すべき事態ではない。正戦論の二重の機能は、使いようによっては戦争批判の武器にもなるからだ。

「一〇〇パーセントの正義がありえないから正戦論は無効だ」とする議論は、「一〇〇パーセントの非暴力がありえないから平和主義は無効だ」とする議論と同様、あまり生産的だとは思えない。より生産的な道筋は、正戦論がその一部に内包している平和主義的要素を再活性化し、非平和主義者による濫用に備えることだろう。双方にとってもっと手強いのは、「戦争の正不正を議論するのは無意味だ」と考える現実主義者である。そして戦後アメリカを中心とする今日の国際関係論では、正戦論でも平和主義でもなく、現実主義こそが支配的学説である。そこで次に、決して容易な仕事ではないが、現実主義者との対話に臨んでみよう。

第五章　平和主義は非現実的か——現実主義との対話

ルネサンスとマキァヴェリ

十五〜十六世紀イタリアのフィレンツェは、メディチ家の庇護のもとレオナルド・ダ・ヴィンチやミケランジェロといった芸術家が活躍し、近世芸術のメッカとなった。いわゆるルネサンス時代である。古典古代の再評価が進むなか、ルネサンスの芸術家は中世のキリスト教的世界観に基づく芸術を一新し、遠近法といった科学的技法を用いて、美術史上の「写実主義」（リアリズム）の流れを切り開いた。実際、レオナルドは人体の構造に強い関心を示し、自ら解剖を行ったり解剖図を残したりしているし、筋肉や血管に至るまで人体の美をリアルに表現するという芸術的意図は、ミケランジェロの大作ダビデ像の精巧な造形によく反映されている。

ところで、同時期のフィレンツェには、別の分野で傑出したリアリストがいた。メディチ家の興亡に翻弄されながら、政治の世界で人間のありのままの現実を観察・分析し続けた、近代政治的現実主義の祖N・マキァヴェリである。「現実主義」の原語はリアリズムであり、美術史の「写実主義」と同じである。どちらの場合も、世界に存在する物事を虚飾なくありのままに捉えるといったことを意味する。リアリストの芸術家とリアリストの外交官は、同時代のイタリアでルネサンスの同じ空気を吸いながら、それぞれ中世に代わる近代的世界観の礎を築いていったのだ。

マキァヴェリが生きた時代のイタリアは、国際的には非常に脆弱《ぜいじゃく》な立場に置かれていた。すでに隣国のフランスやスペインは、強大な国王権力のもとで国内の中央集権化を進め、領土拡大を虎視《こし》眈々《たんたん》と狙っていた。それにひきかえ、当時のイタリアでは幾つもの小国が分離並存し、お互いに干渉し合って国力を消耗している有様だった。そこでマキァヴェリは、『君主論』など一連の著作で、国際社会の厳しい現実を生き抜く強いイタリアを率いる君主の登場を待望し、またその処世術を詳しく説いたのだ。

マキァヴェリの教え（マキァヴェリズム）の核心は、厳しい現実世界では目的が手段を正当化するということだ。「恋愛と戦争では何でもあり」――これが、政治の場合でもそれ以外の場合でも、人間社会の非情な現実なのだ。だから、戦争を避けて平和を求めようとするなら、正義や道徳に訴えても無駄である。とりわけ国際社会は剝《む》き出しのパワーが支配する世界であり、侵略や殺人を言葉で非難しても仕方がない。平和を欲するなら、言葉ではなく実力が必要なのである。マキァヴェリは言う（『君主論』一一五～一一六頁）。

いかに人がいま生きているのかと、いかに人が生きるべきなのかとのあいだには、非常な隔たりがあるので、なすべきことを重んずるあまりに、いまなされていることを軽んずる者は、みずからの存続よりも、むしろ破滅を学んでいる……すべての面において善い活動をしたいと願う人間は、たくさんの善からぬ者たちのあいだにあって破滅するしかないのだから。

現実主義者にとって、戦争の放棄や武力の不保持などという無理難題を掲げる平和主義は、美しくもはかない「破滅の美学」を体現している。世界は、権益拡大を狙う諸外国に囲まれた危険な場所だ。そのなかで進んで武器を投げ捨てるのは自殺行為に等しい。平和主義者が見ているのは空想上の世界であって、実際の世界ではないのだ。はたしてこの評価は妥当だろうか。本章では、以上のような現実主義の学説との対峙を通じて、平和主義の妥当性を検討していきたい。

1 国際関係論における現実主義

現実主義は国際関係論において、質量ともに他を圧倒する、疑いなく支配的な学説である。現実主義が今日それほどの影響力をもつようになったことには、その学説上の説得力とともに、二度の世界大戦を引き起こして人類史上最悪の人的損失を生んだ二十世紀の凄惨な現実が関わっている。人類にもはや、とりとめもない空想に耽《ふけ》っている余裕はなくなった。思わず目をそむけたくなるような厳しい現実が眼前に控えているからこそ、それでも前に進むために、まずはその現実をしっかりと見据える必要があるのだ。

学説的位置づけ

政治的現実主義は古代ギリシアの歴史家トゥキディデスを始祖とし、マキァヴェリや近代イギリスの思想家T・ホッブズの政治思想に典型的に見られる。とはいえ、かれらの現実主義は、国内政治を含むより広大な政治思想のテーマのなかに位置づけられ、必ずしも国際関係に特化したものではなかった。学問分野としての国際関係論の誕生は比較的新しい。二十世紀前半の欧米世界では、未曽有の惨禍をもたらした第一次世界大戦を経て、第二の世界大戦を防止するために、国際法や国際機構などを専門に研究する機関が次々に生まれたのだ。ところが、国際連盟の取り組みの挫折、世界大恐慌の発生やヨーロッパ内の緊張の高まりなどを受けて、国際関係論では、初期の理想主義的傾向の限界が指摘され、代わって現実主義が次第に影響力をもつようになった。二十世紀の代表的な現実主義者としては、E・H・カーやH・モーゲンソーなどの古典的現実主義者、K・ウォルツ以降の構造的現実主義者などが含まれる。

はじめに、ありうる誤解を正しておきたい。現実主義者は平和主義を批判するが、だからといって平和よりも戦争を賛美する思想ではまったくない。まったく逆に、その成立発展の経緯からも明らかなように、現実主義者は戦争の惨禍を深く憂慮し、できるだけ無益な戦争を回避するよう努める。ときに現実主義者は、戦争を人間の避けがたい現実と捉えるが、それはかれらが平和よりも戦争を愛好しているということではない。戦争よりも平和が望ましいと考える点で、現実主義者はもちろん平和主義者と一致するだろう。ただし、その平和を達成するためには暴力手段に訴えざるをえないのが、世の現実だと主張しているのだ。

（とはいえ実際のところ、一口に国際関係論における現実主義といっても、そのなかには多種多様な立場が混在していることも率直に認めなければならない。方法やアプローチの違いはもちろんのこと、研究土壌の地理的違いなども、個々の現実主義理論に大きな影響を及ぼしている。その意味では決して十分とはいえないが、以下では、戦後アメリカの比較的限定された現実主義のタイプを念頭に置きながら、議論を進めたい。)

現実主義の四つの見方

具体的に、現実主義の論理構成としておおむね共通する四つの見方を挙げておこう(吉川直人・野口和彦編『国際関係理論』一二六〜一二七頁)。

・世界は中央政府が存在しない無政府状態である
・国際関係におけるアクター(行為主体)は国家である
・無政府世界において、国家の最大の目的は生き残りとなる。したがって、国家安全保障は国際関係の最優先課題となる
・パワーは、この目的を達成するための重要かつ、必要手段である

現実主義者によれば、国際関係を考えるうえで避けては通れない条件とは、それが無政府

状態（アナーキー）であるということだ。この点で、国際社会の国家が置かれた条件は、国内社会の個人が置かれた条件とは決定的に異なる。私たちが国内社会で身の安全を保証された暮らしを送ることができるのは、暴漢に対して警察を呼び、司法の裁きを下すことができるという政府の後ろ盾があるからだ。それとは対照的に、国際社会に世界政府は存在しないし、その見込みもない。「困ったときの一一〇番」は通用しないのである。それゆえ現実主義者は、国際関係を基本的に自助の必要性に迫られた状態と見なしている。

次に、現実主義者の想定する国際関係の主役は、国家である。個人はもちろんのこと、国際組織やNGOといった非国家行為主体の役割は、もしあったとしても脇役に留まる。また以上の想定には、国際社会における国家が、単一の意志をもつ単一の行為主体であり、しかも利益の最大化を求めて合理的に行動することが含意されている。すなわち、各国家は所与の状況下において自国の利益が何であるかについて理解し、それを最大化するために行動することができる。

さらに、世界政府のない無政府状態に置かれているがゆえに、各国家は自国の安全保障の追求を至上命令とせざるをえない。生き残りを目指すことは、国際社会における国家にとって行動の究極動因である。安全保障は、国益のうち死活的利益（バイタル・インタレスト）に数えられ、それは経済や福祉のような副次的利益（アザー・インタレスト）よりも優先順位が高い。要するに、個人と同様に国家にとっても「命あっての物種」というわけだ。ただしその場合にも、具体的な安全保障戦略には、均衡や同盟、抑止など複数の異なった選択肢がありうる（鈴木基史『平和と安全保障』）。

いずれにせよ、国際社会において、善悪や正不正といった言辞を弄することは、安全保障の役に立たない。なぜならそこでは、訴えを聞き入れるより上位の権威が欠けているからである。この理由から、国家が安全保障を追求するためのもっとも重要な手段は、物質的能力を指標とするパワーだということになる。他に頼れる権威がないなかで、国家が自ら生き残りを果たしていくためには、言葉ではなく実力こそが決定的な役割を果たす。その意味で、戦争は国家が当然とりうる外交・防衛手段のひとつである。言葉ではなく実力こそが国際関係の趨勢を決するという考え方は、俗に「権力政治」（パワー・ポリティクス）と呼ばれる。

2　現実主義は現実的かⅠ——目的としての安全保障の検討

以上概要を示した現実主義の学説は非常に強力なものであり、今日の国際関係論においても支配的な地位を占め続けている。にもかかわらず、ここでは平和主義の観点から、あえてその議論に関して若干の疑問を呈してみたい。はたして現実主義者が描く国際関係像は、どれほど現実的といえるだろうか。以下ではそれを、二つの論点に細分化して取り上げよう。第一の論点は、「国家の最大の目的は安全保障を追求することである」という想定の是非であり（本節）、第二の論点は、「パワーは国家が安全保障を追求するための重要かつ必要手段である」という想定の是非である（次節）。

古典的現実主義の場合

はじめに、国際関係における国家の最大の目的が生き残りであるとの想定を取り上げよう。この想定は、戦後アメリカの代表的な現実主義者H・モーゲンソーにも見られる。モーゲンソーによれば、国際政治ならびに国家行動を分析する際の中心概念は「パワーによって定義された利益」であり、その「固い芯」に安全保障が位置している。なぜなら、彼の想定では、「生への衝動、繁殖への衝動、支配への衝動、といったものはすべての人間に共通するものである」からだ（『国際政治』三七頁）。国内社会を構成する個人と、国際社会を構成する国家は、ともに政治主体として、同根の行動欲求に基づいている。このように、国家行動の要因を人間性それ自体にさかのぼって説明する点に、モーゲンソーの理論的特徴がある。

もちろん、剝き出しの生存欲求とは一見して相容れない、正義や道徳に従った自制的国家行動も見られなくはない。しかしモーゲンソーに言わせれば、国家は道徳的に振舞っているようでいて、その実、自国にとって都合の良い結果を、意識的あるいは無意識的に抜け目なく追求しているものだ。それどころか、国家にとっては生存それ自体がひとつの道徳原則である。このように、帰結の良し悪しを考慮して下される擬似道徳判断――最大多数ではなく、自国にとっての帰結の良し悪しである以上（『世界政治と国家理性』三四頁以下）、その判断は道徳的というよりも戦略的である――を、モーゲンソーは「深慮」（プルーデンス）と呼ぶ。「深慮なくして政治的道義はありえない。すなわち、一見道義にかなった行動でも、その政治的結果が考慮されなければ政治的道義は存在しえないのである」（『国際政治』一二頁）。

以上のモーゲンソーの立論は、当時の国際関係の主要関心事であった米ソ冷戦を、イデオロギー闘争ではなく権力闘争と解釈することで、紛争の合理的対処を可能にしたと評価できる。自由主義対全体主義といった善悪二元論の構図を掲げて、対ソ強硬策を不必要に煽《あお》ろうとする当時の言説に対して、モーゲンソーは断固反対した（し、実際ベトナム戦争にも反対した）。国際関係の真の姿は、各国の安全保障をめぐる権力闘争であって、それ以上でもそれ以下でもない。それゆえ、米ソ冷戦にうまく対処するためには、以下の教訓を常に念頭に置く必要がある（『世界政治と国家理性』八八～八九頁、表記は変更した）。

アメリカの対外政策は一定の社会的政治的制度の美点を全世界に押し拡めるとか、あるいは全世界を或る他の制度の悪から保護するというような目的をもってはならない。アメリカの目的——唯一の目的——は、……国家の安全保障、「かつて世界を脅威した最大の危険にたいする安全保障」でなければならない。

しかしながら、以上の主張には明らかに、記述と指図の要素が入り混じっている。すなわち、一方でモーゲンソーは、生存欲求を国際関係における国家行動の事実として記述しながら、同時に国家は自国の生存を最重視すべきだという指図を行っているのだ。安全保障の追求は、一方で現実にある姿として描かれ、もう一方で本来あるべき姿として描かれる。正確にいうと、これは論理の飛躍である。なぜなら、たとえ安全保障の追求が事実だったとしても、それが一足飛びに規範には繋がらないからだ。例えば、調査したカラスの体色がすべて黒であるからといって、そもそもカラスの体色が黒であるべきだということにはならない。事実はあくまでも事実であって、それ自体はあるべき世界を何も指し示さない。

多くの場合、モーゲンソーは国家行動をあくまでも事実の問題として捉え、個々の政治家や政策決定者が残した行動、演説、文書などから、その事実を丹念に記述している。しかしながら、かりにこれまでの国家行動が、安全保障を固い芯とする国益を中心に回ってきたという証拠を山ほど積み重ねたとしても、だからといって、アメリカの対外政策がイデオロギーではなく安全保障によって導かれるべきだとの処方箋を得たことにはならないはずである(「イデオロギーを追求しても安全保障には資さないからだ」という説明は、論点を先取している)。目的としての安全保障が、「かくあるべきだ」という指図的要素を含むとすれば、突き詰めれば、それはモーゲンソー本人が安全保障の価値を最重視していたからにほかならない。

構造的現実主義の場合

以上見たように、モーゲンソーの理論には、安全保障の追求が現在ある事実の記述なのか、それとも本来あるべき規範の指図なのか、にわかに判別しがたいという複雑さがあった。次世代の現実主義者K・ウォルツは、以上の複雑さを回避するような理論的修正を加えた。彼が考える国際政治理論の目的は、国家行動をそのまま記述することではなく、むしろ体系的に説明することである。しかしそのためには、世の現実をあえて単純化する賭けに出る必要がある。というのも、「すべてを描写すれば、説明力はもっとも低くなってしまう。簡美《エレガント》な理論こそ、説明力がもっとも高いのである。そしてそれは、現実から極端に離れたところにある」(『国際政治の理論』九頁)。

「現実から離れる」とは、モーゲンソーとは逆に、個々の対外政策をまったく捨象したところに、分析の対象を見出すということである。それをウォルツは国際システムと名づける。

国際システムとは、相互作用するユニット（国家）の集合であり、単なる雑多な集合ではなく、ユニットの数およびその能力の分布に従って一定のパターン（構造）を形成する。こうした新しい分析枠組みに基づく現実主義理論は、古典的現実主義と区別して構造的現実主義（新現実主義）と呼ばれる。

国際関係の最大の構造的特性は、それが中央政府の存在しない無政府状態（アナーキー）であるという点だ。より上位の権威が存在しない点で、国際政治の構造は経済市場の構造に似ている。それゆえウォルツは、国際関係の構造的特性から、その秩序原理を、ミクロ経済理論に似た仮定で説明しようとする。A・スミスに由来するミクロ経済理論によれば、利潤を一心不乱に追求する「経済人」が市場というシステムの制約下で相互に行動する結果、自然発生的に一定の秩序が形成される。国際関係において経済人にあたるのが個々の国家であり、市場にあたるのが国際システムである。

他の現実主義者と同様、ウォルツもまた、「アナーキーにおいては、安全保障が最高次の目標である」と想定する（同一六七頁）。もちろん、純粋に利潤を追求する経済人が実在しないように、純粋に安全保障を追求する国家も実在しないかもしれない。しかし、それはあくまでも仮定であって、国家行動が示す規則的パターンの説明や予測に役立つなら、仮定自体の真偽は問題ではない。言い換えれば、仮定は仮説と異なり、検証されるのではなく前提とされるのだ。ウォルツは言う（同一二一頁）。

ミクロ理論においては、国際政治であれ経済であれ、アクターの動機は現実的に描写されるのではなく、仮定される。私は、国家は生き残ることを確実にしようとする、と仮定する。仮定とは、理論構築のためになされる過度な単純化であり、仮定について問うべきなのは、それが真実かどうかではなく、それがもっとも意味があり有益かどうかである。

注意すべきは、特定の国家行動が、必ずしも仮定どおりに生じるわけではないということだ。個々の国家行動を取り上げて、「安全保障を追求していないじゃないか」と難詰したところで、右の仮定が反駁《はんばく》されることにはならない。いずれにせよ、各国にとって何が安全保障に資するかは所与の国際システムの条件にかかっているので、無知や無謀ゆえにその条件に反した行動をとる国は、手痛いしっぺ返しを食らい、自然に淘汰《とうた》されていくだけである。市場と同様に国際システムは、「システムで成功したいと思う者が満たすべき要件に順応する度合いに応じて、各部分の行動に報酬や罰を与える」（同一二二頁）。こうして国家行動は、学習を繰り返しながら一定の規則的パターンに収斂《しゅうれん》していくのである。

以上のように、構造的現実主義者にとって、「国家の最大の目的は安全保障を追求することである」という想定はあくまでも理論的仮定であり、経験的事実に照らして真か偽かを判断される対象ではない。市場システムにおける「経済人」の仮定と同様、生存を熱心に追求する国家像は、国際システムの大局的傾向を構成するものとして、便宜的に用いられているだけである。しかしながら、ここでもまた、モーゲンソーの場合と同様に、仮定から指図への論理の横滑りが容易に生じる可能性がある。

現実主義者の価値判断

示唆深い事実がある。今世紀、アメリカがイラク戦争（二〇〇三年）を開始しようとする直前に、構造的現実主義者のJ・ミアシャイマーとS・ウォルトは共著論文を発表し、「アメリカはイラクに侵攻してフセインを追放すべきか？」との問題提起を行った（Mearsheimer and Walt, "An Unnecessary War"）。二人は、フセイン政権の意図や大量破壊兵器の脅威、封じ込めの可能性などを証拠立てながら論じ、この戦争がアメリカにとって「必要のない戦争」であると断言する。筆者はこの判断自体に異を唱えるものではまったくない。ここで問いたいことは、以上の批判が、安全保障の追求を理論的仮定と見なす構造的現実主義の想定とはたして整合しているかという点である。

AN UNNECESSARY
WAR

In the full-court press for war with Iraq, the Bush administration deems Saddam Hussein reckless, ruthless, and not fully rational. Such a man, when mixed with nuclear weapons, is too unpredictable to be prevented from threatening the United States, the hawks say. But scrutiny of his past dealings with the world shows that Saddam, though cruel and calculating, is eminently deterrable.

By John J. Mearsheimer and Stephen M. Walt

ミアシャイマーとウォルトの共著論文
"An Unnecessary War" *Foreign Policy*, January/February 2003

もちろん、現実主義者の理論は、イラク戦争のような、特定の国家行動をすべて説明ないし予測するものではない。国際システムという想定はひとつの理論であり、その理論は無数にあるこの世の現実を体系立てるための抽象化された見取り図である。一部の現実を取り出した場合、理論から逸脱する現実は存在するだろう。現実主義者に言わせれば、当時のアメリカ政府は、所与の状況における最善の選択肢が何たるかに関して見誤っていて、その結果「必要のない戦争」を始めてしまったのである。現在のアメリカが、自分の始めた戦争の決着に四苦八苦しているのは、その代償として国際システムがアメリカに与えた「罰」なのかもしれない。

だとしても、まだ疑問は残る。ここでの構造的現実主義者の役割は、国際システムの本質を見抜くための学問的トレーニングを受けた専門家として、政治家の判断を極力正しい理論の方向に向けようとすることである。ただし、もともと「国家の最大の目的は安全保障を追求することである」という想定は、国家行動の規則的パターンを説明するためのひとつの仮定であったはずである。ところが同時に、現実主義者はさも当然のように、イラク戦争は到底安全保障に資するものではないから、止めるべきだと言っている。仮定は現実を説明するために用いられただけなのに、ここでは仮定に合わせて現実が変わるよう指図するという奇妙な構図になっている。

しかしそもそも、国家が安全保障に反することの何がいけないのか。本来の意味は良くも悪くも、安全保障の追求がその目的であると仮定すれば、アメリカにとってイラク戦争は目的合理的ではなかったということである。それは——ウォルツの言葉を借りれば——仮定が「有益」であることの証明にはなるが、仮定が「真実」であることの証明にはならない。現実主義の理論は、アメリカの誤った行動がなぜしっぺ返しを食らったかを説明できる。しかしだからといって、しっぺ返しを避けるべきだと指図できるかどうかは別問題である。よく見ると、ここにもやはり、安全保障を追求するという仮定のなかに、安全保障を追求すべきという暗黙の価値判断が染み込んでいる。そうでなければ、現実主義者がイラク戦争を、説明を超えて批判する論文を書く動機はなかったはずである。

国家がときに安全保障に反して行動しうるなら、その最善の方針について説く以前に、なぜ国家が常に安全保障を追求すべきなのかが問われなければならない。何となれば、国家が立てうる目標は安全保障一辺倒とは限らないからである。経済発展や遵法精神も重要な価値であるし、人道支援や環境保全も重要な価値である。近年では、国家安全保障とあえて区別された「人間の安全保障」という考え方も普及しつつある。国際政治学者のJ・ナイらが言うように、「国際政治には単なる生存を超えた何かが存在する。国際関係に選択の余地があるのだとすれば、選択がないふりをすること自体、一種の偽装された選択なのである」(『国際紛争』三四頁)。

要するに、「安全保障の追求にとって不可欠の手段である以上、戦争の正不正を議論するのは無意味だ」という現実主義者の主張は、それ自体ひとつの価値判断から出発している(実際、ミアシャイマー/ウォルトの共著論文のタイトルに含まれる「necessary」という言葉は、「必然的な」という事実的意味にも、また「必要な」という規範的意味にもとれる)。現実主義者は、なぜ国家が、数ある政治的価値のなかから、もっぱら安全保障の価値を最重視すべきなのかを、今度こそ記述あるいは仮定するのではなく、擁護しなければならない。というのも、非現実主義者たちは、はじめからそれを現実主義者に対して問うているのである。

3 現実主義は現実的かⅡ――手段としてのパワーの検討

以上述べたように、「国家の最大の目的は安全保障を追求することである」という現実主義の想定は、決して証明済みではなく、あらためて批判ないし擁護される必要がある。むしろ現実主義とは、国際関係を各国の安全保障をめぐる権力闘争として描こうとする、世界観の一種と言った方が正しいかもしれない（スミス『現実主義の国際政治思想』二八八頁）。こうして描かれた現実とは、現実主義者の理論的レンズを通して見た世界のことなのだ。現実の国家行動は、常に自国の安全保障を追求しているかのように見ることもできる。これはひとつの世界観であって、平和主義者を含む非現実主義者たちにとって、それ自体受け入れるべき必然性はない。

しかしここでは、一歩議論を進めて、「国家の最大の目的は安全保障を追求することである」という想定を受け入れてみよう。しかしなお、現実主義の想定には不明瞭な点がある。先ほど挙げた現実主義の四つの見方（一四〇頁）を再度見なおすと、現実主義者は同時に、「パワーは国家が安全保障を追求するための重要かつ必要手段である」とも考えている。はたしてこの想定はどれほど現実的だろうか。

「平和を望むなら、戦争を準備せよ」

現実主義の想定では、国際関係における国家が自国の安全保障を追求するための最善の手段は、物質的能力を指標とするパワーである。なぜか。その理由は、またしても無政府状態

（アナーキー）という条件から導かれる。国際社会は国内社会と異なり、暴力を振るわれても駆けつけてくれる警察官はいないのだから、自分の身は自分で守るしかない。もちろん、好き好んで暴力の応酬に加わるわけではないが、無益な争いに巻き込まれないための唯一の手段は、自ら反撃の力を備えることである。こうした考えは、「平和を望むなら、戦争を準備せよ」というラテン語の格言によってよく知られている。逆説的なことだが、各国が戦争を準備することで、ある種の平和が達成されうるのである。

しかし、各国が自由に戦争を準備していったら、世界はジャングルのような「食うか食われるか」の無秩序状態に陥ってしまうのではないか。そうとも限らない。なぜなら、各国が自ら反撃の力を備えるようになれば、どの国も他国に容易に手出しできなくなるからである。パワーの不均衡が残る場合には、不利な国同士が結託する。結果として紛争は生じない。武器は作られ、準備されるが、使われない。この両すくみ状態こそが、現実主義者が言うところの平和である。現実主義者は、こうしたパワーに基づく秩序原理を「勢力均衡」（バランス・オブ・パワー）と呼ぶ。

勢力均衡は、十八世紀のヨーロッパで国際関係の秩序原理として確立し、戦中・戦後の現実主義者が非常に重視したことから、現在も有力な考え方のひとつである。例えば、スペイン継承戦争（一七〇一～一四年）の講和条約として結ばれたユトレヒト条約は、ルイ一四世下のフランスの覇権的地位を否定し、ヨーロッパ諸国内でのパワーの釣り合いを維持するねらいを含んでいた。ほかにも、十九世紀から二十世紀にかけての独墺伊三国同盟と、それに対抗する英仏露三国協商などが、均衡化政策の一環として理解できる。

安全保障のジレンマ

ただし、勢力均衡による平和構想に関しては周知の疑問がある。それは、自国を守るためのパワーの増強が、他国に脅威を与えることになり、その脅威の認識が他国のさらなるパワーの増強を招くという事態、いわゆる「安全保障のジレンマ」と呼ばれる事態である。ここでいうジレンマとは、ある目的（安全保障）を求めて選んだはずの手段（パワー）が、当の目的それ自体を掘り崩してしまうことを意味している。敵対する隣国XとYがあるとしよう。Y国がパワーを増強しない場合、X国がY国に与える脅威は減らない。しかし逆に、Y国がパワーを増強した場合、それがX国を刺激し、X国もパワーの増強に走る。結果として、Y国がどれだけ安全を追求しても、それは永遠に保障されない。暴力手段に頼る安全保障は、こうした悲劇の構図を抱えている。

安全保障のジレンマが生じる理由は、防衛的に用いられる予定のパワーと、攻撃的に用いられる予定のパワーが、他国から見れば事実上区別できないからである。マキァヴェリが鋭く見抜いているように、「恐怖から逃れようと懸命に努力する当の人物が、今度は逆に他人にとっては脅威の的となっていくものである。そして自分がそれから逃れようともがいていた威圧感を、〔今度は〕他人の頭の上におっかぶせることになる」（『ディスコルシ』二〇七頁）。パワーが防衛的に用いられるか攻撃的に用いられるかは、傍目には分からないので、自国の防衛力の増強は同時に、他国にとって脅威の増加に繋がるわけである。

オーストリアの作家で、オーストリア平和協会やドイツ平和協会の設立にも携わったB・V・ズットナー（一九〇五年ノーベル平和賞受賞）は、若い頃、直前に迫った母国とプロイセンとの戦争（一八六六年の普墺戦争）を前にして、父親と次のような会話を交わしたことを記している（『武器を捨てよ！上』二七二〜二七三頁）。

「でも、もし攻撃するつもりがないのなら、この騒がしい戦争の準備はいったい何のためでしょう？」という私の問いに、父はあの古い決まり文句を持ち出しました。

「『平和を望むなら、戦争を準備せよ』（Si vis pacem, para bellum）と言うだろう。我々は、ただ用心のために戦争の準備をしているのだ」

「では相手側はどうなのでしょう？」

「我々を奇襲するのが目的だな」

「でも彼らも、私たちの攻撃を警戒しているだけだと言っています」

「それがあいつらの陰謀なのだ」

「でも彼らの言い分では、陰謀を企んでいるのは、私たちですわ」

「それは、もっとうまく軍備を進めるための口実にすぎん」

再び議論は、尻尾をくわえたヘビのように果てしない循環に陥《おちい》ります。それは始まりも終わりも、どちらも欺瞞《ぎまん》に満ちています……。


ここに描かれているのは、身を守るための武器が、かえってその身を危険にすることもあるという負の連鎖の状況である。自国の生き残りにとって有益だと考えられたパワーの増強は、皮肉なことに自国の生き残りを脅かす材料になってしまう。結局、最後にプロイセンの挑発に応答したオーストリアは、比較的短期間でこの戦争に敗北し、ドイツ統一をめぐる覇権争いから脱落した。「剣を取る者は皆、剣で滅びる」（マタイによる福音書二六・五二）というイエスの古い教えを彷彿《ほうふつ》とさせるようなエピソードである。

構成主義の主張

このように、「パワーは国家が安全保障を追求するための重要かつ必要手段である」という想定の弱点は、それが安全保障のジレンマを招いてしまうことである。それでは、どうすればこのジレンマを回避できるのだろうか。この問いについては、これまで現実主義者も様々な回答を与えているが、平和主義の観点から興味深いのは、国際政治学者のA・ウェントなど、構成主義者が与える回答である。「構成主義」(コンストラクティヴィズム)とは、冷戦終結期の一九九〇年前後に確立した、比較的新しい国際関係論の学説である。その中心的主張は、国家行動を規定し、国際関係を支えているのは、物質的パワーではなく、観念やイメージであるというものだ。

素朴な事例を挙げよう。アメリカが軍事力を増強することは、一方で隣国キューバに対して大きな脅威を与えるが、他方で隣国カナダに対して同じ脅威を与えるようには思われない。なぜだろうか。その理由は、アメリカとカナダのあいだには、政治・経済・文化的理由から、互いを攻撃しないことへの相当の信頼関係が成立しているからである。それゆえ、たとえ両国の片方がパワーを増強したとしても、米加間で安全保障のジレンマが生じる可能性は低い。すなわち、軍事力の多寡が単純に国家の安全や脅威を決定しているわけではない。むしろ、突き詰めれば「パワーと利益そのものが観念の産物である」とさえいえるのだ(ウェント「国際政治における四つの社会学」三〇九頁、訳語は変更した)。

ウェントによれば、国際関係を構成する観念は大別して三種類ある。第一に、他国を敵として認識するホッブズ的文化、第二に、他国を競争相手として認識するロック的文化、第三に、他国を味方として認識するカント的文化である。現在の国際関係の大半は第一のホッブズ的文化および第二のロック的文化によって支配されているが、一部の国際関係では、安全保障を敵対的ではなく協力的に追求することへのコンセンサスが作り出されており、カント的文化が芽生えつつある。カント的文化を共有する国同士にあっては、国際関係は決してパワーとパワーの鎬《しの》ぎ合いの世界ではない。他国のパワーの増強が自国の脅威になるかどうかは、両国のあいだの認識に依存しているのだ。先の例では、アメリカとキューバの関係はホッブズ的文化に近く、アメリカとカナダの関係はカント的文化に近い。

このように、安全や脅威が認識によって構築されたものにすぎないなら、それを変化させる可能性も存在するはずである。もちろん、なぜ、そしてどのように、他国を敵ではなく味方と見なすようになるかは、偶然に左右されるだろう。相手によっては、依然として実力がものを言うという現実主義の主張にも一理ある。ただし、指摘したいことは、それが唯一の方策ではないということである。例えば、率先して軍縮を進めることが、他国との信頼関係の醸成《じょうせい》に繋がり、双方の安全保障に資するという可能性を否定することはない。ウェントの言葉を借りれば、「文化は自己成就予言」である（同二七九頁、訳語は変更した）。認識が変われば現実が変わる。安全保障の道筋はパワーの追求一辺倒ではなく、交渉や対話といった非軍事手段にも開かれているのだ。

構成主義者が、実際に国際関係の観念やイメージが変化した事例として取り上げるのが、冷戦の終結である。旧ソ連のM・ゴルバチョフ書記長（一九九〇年ノーベル平和賞受賞）は、新冷戦真っ只中の一九八〇年代半ばにアメリカに対して、「米ソ両国民と世界のすべての人々の利益にかなう包括的な国際安全保障体制づくりに加わるべきだ」と国際的な協力を呼びかけ（『朝日新聞』一九八六年七月四日付）、両国関係を改めるきっかけを作った（いわゆる「新思考外交」）。今世紀もなお、ロシアはアメリカに匹敵する五〇〇〇以上の核弾頭を配備しているが（ストックホルム国際平和研究所『SIPRI年鑑二〇〇六』六八〇頁）、米露関係がかつてのような激しい軍拡競争に陥る状況はなくなっている。要するに、安全保障のジレンマは、相対的なパワーの分布状況にかかわらず、両国の相互的な認識が変わることで、改善可能なのだ。

4　「非暴力は無力」批判

さて、これまで平和主義の観点から現実主義に疑問を投げかけてきたので、ここからは逆の立場から平和主義を見なおしてみよう。現実主義者のあいだで、平和主義はすこぶる評判が良くない。そもそも、現代の国際関係論における現実主義は、戦間期における戦争違法化の取り組みやW・ウィルソン流の国際協調外交、ミュンヘン会談時の宥和政策の失敗などを受けて発展してきたのだから、こうしたユートピア主義を体現する平和主義者とそりが合わないのも当然である。かれらの不満の根本は、どうやら暴力に対して非暴力で対処するという教えが、救いがたいほどに楽観的である（ように見える）ことにあるらしい。

ヒトラーの記憶

現実主義者は、暴力が不当だとか、非暴力が正当だとかを主張することに興味はない。その平和主義批判の要点は単純に、非暴力が有効ではないということだ。確かに道徳的自制は立派な姿勢である。しかし、相手がそれに感心するとは限らない。むしろ、それを好機と捉えて一層つけ込んでくるかもしれない。私たちは、相手に対して自分と同じ道徳的高潔さを期待することはできない。こちらが最善を尽くしても、なお相手の非暴力を自分の好機としか捉えない国家に対して、どのように対処すればよいのか。もし相手が自分に合わせて暴力手段を捨てなければ、一方的なやられ損になるだけではないか。

現実主義者にとっての原体験は、ナチス・ドイツの宥和政策が失敗したことにあるようだ。一九三八年、自国の権益拡大を狙うヒトラーは、ズデーテン地方の割譲を目指し、チェコスロバキアに圧力をかけた。これに対して、ヨーロッパで戦火が上がることを何としても避けたかったイギリスとフランスは、ミュンヘン会談でヒトラーの要求を受け入れたが、この決定はヒトラーの増長を招き、領土的野心をさらに拡大させるだけだった。結局、会談の一年後にナチス・ドイツは隣国ポーランドに侵攻し、第二次世界大戦が始まったのである。

ヒトラーに対峙した経験は、平和主義を論駁《ろんばく》するのに十分である。説得や話し合い、譲歩ではヒトラーの増長を止めることはできなかった。暴力には暴力で対峙しなければならないのが、良かれ悪しかれ世の現実である。この原則は今も昔も変わらない。「ならず者国家」は、どの時代にもいるものだ。現代版のヒトラーに対して宥和政策をとるなら、私たちはミュンヘン会談と同じ轍を踏むことになる。例えば、アメリカ合衆国大統領B・オバマは、二〇〇九年ノーベル平和賞受賞演説のなかで、正戦論を基調としながら、以下のような現実主義的観点を交えて平和主義を斥《しりぞ》ける（「正しい戦争、正しい平和」二二四〜二二五頁）。

ガンジーやキングの信条や生涯には、弱いもの、受身的なもの、ナイーブなものなど何もないことも承知しています。／しかし、国家の元首としての私は、自らの国を守り防御する就任の誓いを立てています。ガンジーとキングのお手本だけに導かれるわけにはいかないのです。私は、現実の世界に向き合っています。アメリカ国民への脅威を前に、何もせずに立っていることはできないのです。なぜならば、ここは間違えないでいただきたいが、この世には悪が存在しているからです。非暴力運動ではヒトラーの軍隊を止めることはできなかったでしょう。

あるべき世界を語る平和主義者と異なり、現実主義者は「現実の世界」に向き合っている。現実の世界には、ヒトラーのような危険人物が潜んでおり、かれらは相手の非暴力を自分の好機としてしか捉えない。話の通じない相手に、話し合いで解決しようとしても、解決にならないことは分かりきっている。延々と非暴力の形式的理想に固執する平和主義は、現実を知らない無知の教えか、現実を見ない欺瞞《ぎまん》の教えにすぎない。必要なことは、理想論ではなく、安全保障に向けた戦略論である。平和主義者は理想を語るが、それを実行に移すどのような戦略をもっているのか。

平和主義者の平和構想

確かに手厳しい批判である。非暴力の道徳的正当性をただ訴えるだけで、その戦略的有効性を示さなければ、「国家の元首」にとって必要な政治の両輪は揃わない。平和主義者の一部は、実践的な平和構想として、国連集団安全保障体制を念頭に置いてきた。すなわち、国連加盟国が相互に不可侵を約束し、もし一国がその約束を破った場合、加盟他国が共同でその国に制裁を行うという体制である。とはいえこの体制が、あくまでも非暴力を原則とする平和主義者にとって十分満足のいくものとは限らない。なぜなら、国際法学者の最上《もがみとしき》敏樹が言うように、この体制では「暴力には暴力を、目には目をという発想がいっかな乗り超えられてはいない」からである（『国連システムを超えて』九九頁）。

戦後の平和主義者は、より抜本的に世界政府や世界連邦の構想を練ることもあった。すなわち、各国の主権を制限するより上位の権威を確立して、国際社会の無政府状態（アナーキー）そのものに終止符を打ち、構造的変革を実現しようとする構想である。例えば、世界中で一〇〇〇万部を売り上げたといわれるE・リーヴスの『平和の解剖』（一九四五年）や、B・ラッセルやA・アインシュタイン、湯川秀樹なども賛同した世界連邦運動（一九四六年〜）、当時のシカゴ大学総長R・ハッチンスを中心に作成された世界憲法予備草案（一九四八年）などが挙げられよう。ただし、国連中心主義の確立すら遅々として進まないなか、一足飛びに世界大の権威に頼るのは今でも拙速であるし、また国家主権の（一部）委譲というビジョンは、大国のみならず小国からも強い抵抗を受けるに違いないと思われる。

現在の国際関係の現実を踏まえたうえで、非暴力的な平和構築の道筋を示すとすれば、構成主義者が分析するような、交渉や対話を通じた国際文化の変容を通じて、個別の国家間ごとに、軍事的（ホッブズ的）文化から非軍事的（カント的）文化への移行を促すというのが、平和主義者にとっての中長期的な選択肢となるだろう。とはいえ、この答えですら、「非暴力は無力」批判に対して最終的には答えていない。なぜなら、現実主義者の批判はそもそも、ホッブズ的文化が今現在存在している以上、こうした非理想状態下でどのような平和構築の戦略がありうるかという点に尽きるからである。「非理想状態で起きる問題は、理想状態では起きません」との答えは、答えになっているようでなっていない。そのこと自体は、現実主義者にとって百も承知なのである。

おそらく、真の国家存亡の危機に直面した平和主義者の一部が、「深慮」（モーゲンソー）の観点から、最後の場面でやむなく武力行使を例外的に容認したとしても、あながち不当とはいえないだろう。すでにこれまで述べたように、平和優先主義者にとって非暴力は原則であって、原則には例外がありうるからである（本書一四、七六頁）。ただし、その暴力があくまでも例外中の例外に留まることを示すためには、非暴力の厚い原則を一枚ずつ解きほぐしていく必要がある。逆にいえば、先の演説でオバマ大統領が、「非暴力運動ではヒトラーの軍隊を止めることはできなかった」と論証抜きにただ断定しているのは、平和主義者から見ればあまりにも早計であるといわざるをえない。

市民的防衛の思想と実践

そこで最後に、実際に侵略が生じるような非理想状態下において、平和主義者が提案しうる非暴力戦略を考えてみよう。そのひとつが、市民的防衛と呼ばれる国防戦略である。「市民的防衛」とは、軍隊ではなく市民を主体として、侵略に対して個人的異議申し立てではなく集団行動として行う非暴力抵抗のことである。市民的防衛は、侵略軍を国境の外で撃退するのではなく、国境の内で撃退するという戦略をとる。具体的方法は二〇〇通り近くに細分化されるが、大別してパレードや監視のような非暴力的プロテスト、ボイコットやストライキのような非協力、非暴力的占拠や第二政府の樹立のような非暴力的介入が挙げられる（シャープ『武器なき民衆の抵抗』一〇三頁以下）。

侵略国が被侵略国を新たな統治形式に組み込もうとしている場合、市民的防衛は有効な手立てとなるだろう。侵略軍は、日常生活のあらゆる場面において、軽蔑や嫌悪、非協力の対象となる。政治生活や経済生活は円滑に進まず、占領は侵略国にとって高くつく政策になる。マキァヴェリの以下の言葉は、はからずも市民的防衛の戦略的核心を突いているように思われる。すなわち、「どちらを向いても民衆という敵に取り囲まれているような君主は、身の安穏をはかることは決してできない。……やむをえず苛酷な手段に訴え、弾圧すればするだけ、ますますその君主国は弱体化していくのである」（『ディスコルシ』一〇二頁）。

実際、ナチス・ドイツ占領下のヨーロッパでは、市民的防衛による非暴力抵抗が幾つかの実績を上げたことも報告されている。例えばデンマークでは、ドイツの侵攻を受け、軍事的に対抗しても勝ち目がないことを悟り、条件付で降伏しつつも領土内で非協力やプロテストの運動を組織化した。またノルウェーでも、ナチス・ドイツの傀儡《かいらい》政権に対して国民は継続的に非暴力抵抗を行い、独立の意志を維持するとともに、国内体制に対して圧力をかけ続けた。現在、市民的防衛を国家安全保障戦略の一部として採用している国にスウェーデンがある。

ただし、市民的防衛が成功するためには、幾つかの条件があることも同時に指摘すべきである。第一に、国内的条件として、ある程度の社会的な結束と規律が求められる。第二に、国外的条件として、侵略国の側にも戦争規則の遵守の姿勢が求められる。場合によっては、長期間にわたって、相当の苦労や忍従に耐えなければならないかもしれない。例えば、ノルウェーでの親独教育ボイコット運動は、一〇〇〇名に及ぶ教員の逮捕や強制収容所への集団移送を伴った。誤解してはいけない。非暴力の教えは、それなりの責任と覚悟を必要とするハードな選択肢であり、都合よく問題を解決してくれるマジックワードではないのだ。

とはいえ、当時のデンマークやノルウェーが、戦争によってドイツの侵略を撃退できたかどうかも疑わしい。不思議なのは、自称現実主義者たち——本来の現実主義者なら決してそうは考えない――が、戦争の博打《ばくち》に打って出れば、必ず掛け金以上の勝ち金が回収できると、はじめから決めてかかっている場合が往々にしてあることだ。あらゆる状況に適合する万能薬でないのは、非暴力も戦争も同様である。どちらの選択肢も、それがうまくいくためには幾つかの前提条件をクリアする必要がある。こうした成否の条件をできるだけ正確に認識していくことが、現実主義および平和主義を真に現実化するためには欠かせない。重要な点は、非暴力が戦争に代わる戦略的代替案になりうるという点を認識することである。

最後に一点補足しておきたい。現実主義者はしばしば、平和主義が非現実的であることの理由として、ヒトラーの個人名に言及する。確かによく見ると、先の引用でも、オバマ大統領は注意深く、「ドイツの軍隊」ではなく「ヒトラーの軍隊」と言っている。ここにはある種の概念操作がある。なぜなら、平和主義者が唱える非暴力戦略は、実際には侵略国の指導者ではなく侵略国の国民をターゲットにしているからだ。確かに非暴力はヒトラーのような人物を感心させないかもしれないが、兵士を含むドイツ国民一般に対してはそうではない。そしてオバマ大統領が暗に認めているとおり、ドイツ国民の大半はヒトラーではない。非暴力戦略が訴えようとしているのはあくまでも指導者ではなく一般国民であること、これは誤解のないよう強調しておく必要がある。

現実主義的であるとは

以上本章では、現実主義と平和主義のどちらが「現実的」かについて、幾つかの側面から検討を行ってきた。結局のところ、この問題設定に対する答えは字義どおり、刻々と移り変わる現実の状況に左右されるものであり、一義的には示しえない。非暴力の教えを現実的ではないとはじめから決めつけるのも望ましくないし、かといって実行可能性を抜きにしてそれをゴリ押しするのも望ましくない。確かに、「現実的であれ」という勧告は、「平和的であれ」という勧告と同じくらい異議のないものである。しかし、現実的であることが即暴力手段に繋がるというのは、短絡的すぎる。問題はこの世界の現実をどのように認識するか、そのうえでどのような選択肢を選ぶかということだ。

ところで、振り返れば戦後の日本も、この「現実」との対話のなかで、平和主義との距離をはかってきたように思われる。戦前の日本は、アジアで権益拡大を狙う欧米諸国に対抗して、暴力手段を頼みとする選択肢を選び、その賭けに負けた。戦後憲法制定段階の吉田茂の発言にあるように（本書一〇一頁）、戦後の日本は、「平和を愛する諸国民の公正と信義に信頼して」（日本国憲法前文）、戦争を放棄し、非暴力手段による紛争解決の道を選んだはずだった。ちなみに、憲法中の「平和を愛する諸国民」との表現は、国連憲章第四条に規定された国連への加盟資格「平和愛好国」と一致する。

朝鮮戦争の勃発後、日本は自衛隊の設立に至り、事実上の再軍備に踏み出すことになった。当時の再軍備支持派が盛んに繰り返したのが、いわゆる「戸締り論」である。いわく、誰でも自宅には鍵をかけるのが当然だ。見知らぬ通行人の「公正と信義に信頼して」、自宅を無防備に開放する人はどこにもいない。なぜ同じ理屈が国際社会では通用しないのか。国民の安寧を守るために、国家が実力を備えるのは当然である。例えば、憲法第九条の芦田修正で有名な芦田均は、「家のそとに強盗が横行している以上、戸締りをするのは常識であります」と言って、日本の再軍備を支持している(山川均『日本の再軍備』一〇四頁より重引)。これは他国を潜在的強盗と見なす、典型的な現実主義的思考といえるだろう。

ただし、戸締りをすることと軍隊をもつこととの決定的な違いは、後者が様々な副作用をもたらしうるということだ。例えば、自国の軍備の増強が他国にとっての脅威となり、軍拡競争に発展する可能性、政軍産官の複合体が一体となって「必要のない戦争」を国民に押し付ける可能性、軍事同盟国が始めた戦争にどこまでも巻き込まれ、いつしか自国がテロ攻撃の標的になる可能性、等々。こうした可能性もまた、再軍備がもちうる「現実」の一側面である。以上の指摘は、再軍備が非現実的だと断定しているのではなく、物事には良い面と悪い面があるという自明の理を再確認しているのである。

もちろん、平和主義者は平和主義者で、自己の精神的高潔さにただ固執しているわけにはいかない。例えば、中立国スイスに武装解除を勧めたM・ガンジーは、もし他国から侵略軍が来たらどうするのかと尋ねられ、「男や女や子供たちの人垣をつくり、侵略者たちに諸君の屍《しかばね》の上を歩かせてやればよい」と答えている（『わたしの非暴力一』七八頁）。しかし、個人の英雄的行為としてはともかく、政治的選択として、非平和主義者も含む国民一般にこれほどの自己犠牲を強いることが「現実的」だとは到底思われない。現実主義者に対して（たとえレトリックだとしても）非現実的な理想を説くのは、論点の回避であって論争の勝利ではない。

ところで、戸締り論には欠けている点がある。江戸時代や場合によっては昭和にかけてまで、日本の一般庶民のあいだで戸締りをする習慣はそれほどなかったということだ（渡辺京二『逝きし世の面影』一五九頁以下）。コミュニティ全体が閉じられていたし、相互監視の仕組みが発達していたからである。いわば、そこでは町全体が拡大された顔見知りの親戚のようなもので、相互に「公正と信義の信頼」が成立していた。今日でも普通、家庭の内部で戸締りはしない。だからといって、家族のあいだで窃盗や乱暴のトラブルが皆無ということはないだろう。結局のところ、安全や脅威というのは絶対的なものではなく相対的なものであり、相互の認識や出方次第で、隣人は敵にもまた味方にもなるかもしれないのだ。

第六章　救命の武力行使は正当か——人道介入主義との対話

「普通の国になれ」

一九九一年一月、隣国クウェートを侵攻・併合したイラクに対して、米英を中心とする多国籍軍が軍事攻撃を開始した（湾岸戦争）。その際、日本は総額一三〇億ドルにのぼる金銭援助を行ったが、自衛隊の国外活動を制限する憲法解釈が理由となって、直接的な軍事活動には参加せず、かえって「小切手外交」と揶揄《やゆ》され、同盟国からの失望を招く結果となった。こうした外交的敗北を踏まえて、国内でも、戦争の放棄や戦力の不保持を掲げた憲法第九条は、日本が今後国際貢献を果たしていくうえでの足かせとなっているのではないかとの声が高まるようになった。

それと並行して、一九九〇年代以降の国際社会では新しい事態が生じていた。旧ソ連の崩壊（一九九一年）と冷戦の終結は、国連体制を中心とする世界秩序の安定をもたらすかに見えたが、現実はそれを大きく裏切ったのだ。旧ユーゴスラビアの解体と分離独立が生じるさなか、「民族浄化」と呼ばれる広範な人権侵害が同地域で起こり、またアフリカ大陸のルワンダでも、内戦を発端としたジェノサイド（集団殺害）が起こった。民族主義・部族主義の復活ともとれるこうした暴力の頻発は、冷戦の終焉《しゅうえん》に沸く欧米や日本、そして世界に大きな衝撃を与えるものだった。

こうして、他国で生じた人道的危機に対する国際的対応として、軍事力を用いるべきかどうかが、当時のわが国で緊急の問いになったのだ。例えば、政治家の小沢一郎は、日本が他の先進国と足並みを揃えて世界平和に貢献できるよう、一国平和主義を廃して「普通の国になれ」と主張した。具体的には、自衛隊を国連待機軍として提供することで、わが国の国力に見合った国際的義務を果たすべきだという。小沢は言う、「自衛隊は今後、日本の平和と安全にとって好ましい戦略環境を積極的、能動的につくり上げていく手段として位置づけられなければならない。すなわち、受動的な『専守防衛戦略』から能動的な『平和創出戦略』への大転換が必要なのである」（『日本改造計画』一一九頁）。

実際、湾岸戦争時に苦い思いをした日本は、早くも一九九二年六月に「国際平和協力法」（PKO協力法）を制定し、平和維持活動や人道支援活動のための法的根拠を定め、同年九月にはじめて自衛隊が国外の国連平和維持活動（PKO）に加わった。その後は雪崩を起こすように、自衛隊の海外派遣を容認する立法措置が講じられるようになり、これまでアンゴラ、カンボジア、ゴラン高原、東チモールなどにおいて、日本の自衛隊が展開している。

以上の課題は、平和主義者に対して大きな挑戦状を突きつけている。戦争の放棄や戦力の不保持といった元来の非暴力の方針によっては、もはや今日の国際的課題に対処することはできない。今こそ私たちは、消極的な一国平和主義から積極的平和主義に転じて、必要な国際貢献を果たしていくべきである。例えば、戦後護憲派の代表的論客であった坂本義和も、一九九〇年代に生じた人道的危機を念頭に置きながら、「こうした新しい課題を無視して、冷戦期に生まれた『絶対平和主義』を非歴史的に絶対化することは、かえって憲法の平和主義を無力化するおそれがありはしないか」との問題提起を行っている（『相対化の時代』七五頁）。

同時に坂本は、この問題はあくまでも、人道的介入を思想の問題としてどう受け止めるかという問いであって、侵略の歴史的責任をとっていないままで、日本が自衛隊派遣を考えるべきだ、などと言っているのではないと釘をさしている。ここには、平和主義者にとってさらなる検討の余地がある。他国で人道的危機が生じているなか、平和主義者なりの国際貢献の考え方はありうるのだろうか。それは軍事手段によるのか、あるいは非軍事手段によるのか。また、人道的理由のための軍事介入という考え方にも、何か落とし穴はないだろうか。本章で問うてみたいのはこれらの点である。

1　人道介入主義とは何か

一九九〇年代、冷戦終結後の国際関係は、平和主義者にとっても非平和主義者にとっても、自身を再考する転機となった。その理由のひとつは、冷戦構造のくびきが外れた世界各地で、分離独立や内戦といった国内・民族紛争が同時多発的に生じたことである。戦後の国際関係論は、米ソ対立を基軸とした冷戦構造のなかで、各国の対外政策のあり方を問題にしていた。しかし今や、平和の危険は国外からではなく国内からやってくる。例えば、ある統計によれば、冷戦終結から今世紀初頭までに生じた紛争は一一六件あるが、そのうち八九件は純然たる国内紛争（内戦）であり、また二〇件は外国の介入を伴う国内紛争だったという（ナイ／ウェルチ『国際紛争』二四二頁）。そこで、こうした新たな事態を視野に入れた紛争解決手段の構築が、理論的にも実践的にも強く求められるようになったのだ。

その代表が、「人権侵害を阻止するための武力行使は正しい」と考える立場、すなわち人道介入主義という考え方である。冷戦後に世界各地で発生している国内・民族紛争とそれに伴う人権侵害は、自衛／侵略の二分法に基づく正戦論的思考によっても、あるいは国家安全保障を最重視する現実主義的思考によっても、うまく対処できない。現在の私たちが戦争という暴力手段を必要とするのは、自国の国家主権や安全保障を維持するためではなく、他国で生じている人権侵害を阻止するためである。またこの主張は、非暴力を掲げる平和主義に対しても、無視できない重要な異論を投げかけている。

国際社会の新たな課題

もちろん、一九九〇年代以前の国際社会で、こうした平和維持・人道支援の取り組みがなかったわけではない。ただし、冷戦期の国連ＰＫＯは、国連憲章における紛争の平和的解決（第六章）と平和に対する脅威、平和の破壊及び侵略行為に関する行動（第七章）のあいだの「第六章半の措置」として、限定的な役割を期待されていた。具体的に、戦後のＰＫＯ第一世代は、第一次中東戦争（一九四八～四九年）時の国連休戦監視機構が先駆けとなり、第二次中東戦争（一九五六年）における停戦監視を主な任務として始まった。その後レバノン、イエメン、キプロスなどで、幾多の任務を果たしてきた国連ＰＫＯは、一九八八年にノーベル平和賞を受賞している。また一九九〇年前後からのPKO第二世代になると、ナミビアやカンボジアなど、現地の統治活動に関与して国家再建を支援する平和構築の役割が付け加わるようになる。これらの措置は原則的に、当事国からの同意に基づく支援措置だった。

しかし、冷戦終結後の国際社会で生じている国内・民族紛争を前にして、PKOの性質は大きく様変わりする。国連事務総長B・B＝ガリは、前事務総長のJ・P・デ・クエヤルから国連PKOの強化という課題を引き継ぎ、就任後まもなく『平和への課題』（一九九二年）を発表して、次世代のPKOが、憲章第七章に基づく平和強制など、より一層積極的な役割を果たすべきだとの提言を行った。具体的には、紛争地域に展開される、従来の部隊よりも重装備の国連強制部隊の創設を提案している。こうして、一九九〇年代以降の国連は、冷戦期に米ソに挟まれて積極的な役割を担えなかった過去を払拭すべく、世界の平和創造に向けて非干渉から介入へと大きく舵《かじ》を切ろうとしていた。

こうしたなかで、軍事的強制措置としての人道的介入の是非が広く問われるようになったのだ。「人道的介入」とは、一国内で大規模な人権侵害が生じており、当事国の政府が侵害の主体であるか、あるいはそれを阻止する意思や能力をもたない場合に、国家や地域機構などの国際社会が主体となって、人権侵害を阻止するための（とくに）軍事的干渉を行うことである。具体的には、旧ユーゴ地域やアフリカ諸国で生じている分離独立や内戦のさなかで、

表3　1990年代以降の人道的危機と国際社会の対応

年月	地域/機関	出来事
1990.10	ルワンダ	ルワンダ愛国戦線（FPR）の進攻と内戦の発生
1991. 1	ソマリア	バーレ政権の崩壊と暫定政権樹立に伴う内戦の激化
1991. 6	旧ユーゴ	スロベニア、クロアチアの独立宣言と民族紛争の激化
1992. 2	旧ユーゴ	国連安保理決議743：国連保護軍（UNPROFOR）の設置
1992. 4	ソマリア	国連安保理決議751：第1次国連ソマリア活動（UNOSOMI）の設置
1992. 6	国連	B・B＝ガリ『平和への課題』：より重装備の平和強制部隊の創設を提案
1992.12	ソマリア	国連安保理決議794：統合機動部隊（UNITAF）の設置
1993. 3	ソマリア	国連安保理決議814：第2次国連ソマリア活動（UNOSOMII）の設置
1993. 5	旧ユーゴ	国連安保理決議827：旧ユーゴスラビア国際刑事裁判所の設置
1993.10	ソマリア	モガディシュの戦闘でアメリカ軍兵士に死傷者が生じる
	ルワンダ	国連安保理決議872：国連ルワンダ支援団（UNAMIR）の設置
1994. 4	ルワンダ	フツ族によるツチ族の集団殺害が生じる
	ルワンダ	国連安保理決議912：UNAMIRの大幅削減を決定
1994. 6	ルワンダ	フランス軍を中心とする多国籍軍の「トルコ石作戦」開始
1994.11	ルワンダ	国連安保理決議955：ルワンダ国際刑事裁判所の設置
1995. 1	国連	B・B＝ガリ『平和への課題・追補』：伝統的なPKOへの回帰を訴える
1995. 7	旧ユーゴ	スレブレニツァの虐殺（セルビア人によるムスリム系住民の殺害）
1995. 8	旧ユーゴ	NATO軍の空爆開始
1995.12	旧ユーゴ	国連安保理決議1031：PKOを引き継ぐ平和履行部隊（IFOR）の設置
1998. 2	セルビア	コソボ解放軍（KLA）の活動活発化に伴うコソボ紛争の激化
1999. 3	セルビア	NATO軍の空爆開始
1999. 9	国連	国連安保理決議1265：重大な人権侵害を阻止する国家の責任を強調
2000. 9	カナダ	「介入と国家主権に関する国際委員会」（ICISS）の設置
2001.12	カナダ	『保護する責任』：予防・対応・再建する責任の明確化

出典：筆者作成

一民族が他民族を公式・非公式に迫害する事件が多発し、こうした事態に対処するための措置として、人道的理由のための軍事介入の是非が、冷戦後の国際社会で盛んに議論されるようになった（表3）。

従来のPKOと人道的介入の違いのひとつは、同意の有無である。「介入」あるいは「干渉」という用語自体、当事国からの同意を前提とする第一世代・第二世代のPKOからの逸脱を意味している。実際、ガリ事務総長下の国連では、第二次国連ソマリア活動（一九九三年）など、従来の平和維持に加え、場合によっては当事国の反対も押し切って、重装備のもとに平和強制に踏み込む活動が見られるようになった。ただし、ソマリアでPKO部隊が現地勢力と実質的に交戦状態に陥り、敵味方ともに多くの犠牲者を出すと（モガディシュの戦闘）、国際社会では平和強制に関して慎重な意見が相次ぐようになった。

場合によっては、国連の承認を経ない一方的軍事介入の試みもあった。例えば、アメリカとヨーロッパ諸国の軍事同盟である北大西洋条約機構（NATO）軍は、旧ユーゴ地域セルビアのコソボ自治州で生じているアルバニア系住民への人権侵害を阻止するため、国連の承認を経ないままセルビアに対して空爆を中心とする軍事攻撃を行った（一九九九年）。国連の承認を経なかったのは、安保理常任理事国の中国とロシアが介入に反対していたからである。国際世論が分裂するなかで一方的に介入が強行されたことは、後述するように（第4節）、人道的介入の論点をさらに複雑なものとした。

非暴力から軍事介入へ

このように、一九九〇年代以降の国際関係は、それ以前の冷戦期の状況と大きく様変わりしている。平和主義者が従来のように非暴力に固執するだけでは、その状況にうまく対処することはできない。戦争と平和をめぐるこれまでの議論の焦点は、「戦争で自国民の安全を守れるかどうか」ということだった。しかし今日の新しい課題は、「戦争で他国民の安全を守れるかどうか」である。ひょっとすると、人道的危機への対応が平和主義のアキレス腱になるかもしれない。その意味では、正戦論でも現実主義でもなく、人道介入主義こそが平和主義批判の急先鋒《きゅうせんぽう》になっているとすらいえるのだ。

人道介入主義者は、平和主義の掲げる非暴力の教えが、今や軍事介入に道を譲るべきだと考える。すなわち、他国で生じている人権侵害を阻止するためには、やはり非軍事手段だけでは十分でなく、ときには武力も辞さない姿勢が必要なのだ。前カナダ自由党党首のM・イグナティエフが言うように、「私たちがヒトラー、スターリン、サダム、もしくはポルポトのような人間を相手にしている場合には、平和的な外交での解決策は存在しないのである」(『人権の政治学』八七頁)。非暴力ではなく軍事介入を——これが平和主義に代わる人道介入主義のスローガンとなる。

平和主義者にとって、人道介入主義者と対峙することは、正戦論者や現実主義者と対峙することよりも難しい。平和主義者が戦争よりも非暴力を選択することの前提は、そこで問題となっているのが領土や主権の侵害であっても、人命への意図的攻撃ではないということだった（本書第四章第2節、第五章第4節）。ところが、人道的危機に直面して、非暴力を選ぶことの掛け金はきわめて高い。今や、ジェノサイドは眼前で生じており、非暴力という選択は、即人命の損失に繋がりうる。平和主義者が人道介入主義者と対峙する際には、こうした基本的な問題状況の違いを押さえる必要がある。

2 人道的介入のジレンマ

今日、人道介入主義は政治家や知識人から広い範囲で支持を集め、そのなかで平和主義の旗色は決して良くない。とはいえ、平和主義の観点からは、人道的理由のための軍事介入という論理のなかに、何かしら性急で不自然なものが感じられるかもしれない。ここでいったん、原理原則のレベルに立ち戻り、人道介入主義と平和主義の対立軸を明確にしてみよう。人道介入主義とはそもそもどのような原理に基づくものなのか、そしてその原理それ自体に何か問題はないだろうか。

〈善行原理〉と〈無危害原理〉

人道介入主義者は、軍事介入に賛成することの理由として〈善行原理〉を掲げる。すなわち、苦難に陥った人間に善をなすよう要請する道徳原則である（ビーチャム／チルドレス『生命医学倫理』二〇二頁）。例えば、目の前で小さな子どもが溺《おぼ》れていたら、私たちはとっさに手を伸ばそうとするだろう。他国で生じている人権侵害に対して、私たちはそれと同種の、ほとんど本能的な義務感覚をもつ。人道介入主義者にとっての出発点は、この純粋な利他心である。フランスの哲学者P・リクールが言うように、「苦しみもまた義務を生み出す。苦しみはそれを見た者に責任を負わせるのだ」（「苦しみゆえの義務」三三二頁）。

実際、近年の人道介入主義者に特徴的な主張のひとつは、人道的介入を国際社会の権利ではなく責任の一種として位置づけることである。この主張は、国際問題となったコソボ介入を受けて、国際的コンセンサスを再検討するためにカナダ政府が設置した「介入と国家主権に関する国際委員会」の報告書『保護する責任』（二〇〇一年十二月）において明記され（表3）、後に「人間の安全保障委員会」の報告書（二〇〇三年五月）や、K・アナン国連事務総長の諮問機関であるハイレベル委員会の報告書（二〇〇四年十二月）、二〇〇五年世界サミット（国連首脳会合）の成果文書などにおいても採用されている。

もちろん平和主義者も、〈善行原理〉に基づく義務感覚をもち合わせていないわけではない。しかしなお、人道的危機に直面してさえ、平和主義者には非暴力を貫く理由がある。それは、人道的介入が一種の軍事力の行使である以上、多かれ少なかれ必ず人命の損失を伴うからである。非暴力の義務論的論拠（第二章第1節）を引き合いに出せば、私たちはその結果いかんにかかわらず、殺人を禁止する〈無危害原理〉を無条件に遵守すべきである。人道的危機という緊急事態においてさえ、平和主義者が軍事介入よりも非暴力を選択する理由は、戦争が殺人であるのと同様、軍事介入が殺人であり、それゆえ罪悪であるからだ。

例えば、NATO軍によるコソボ紛争への軍事介入は、主として空爆の形式をとったため、相当多数の民間人被害を生み出した。また空爆は、地上でのセルビア人によるアルバニア系住民の民族浄化その他の人権侵害をむしろ加速化させ、八五万人超が空爆後に難民化したといわれている（小池政行『現代の戦争被害』一一七頁）。さらには、空爆で使用された劣化ウラン弾が現地に残した健康被害の問題もある。確かに、人道的介入に限らず、あらゆる戦闘行為は多かれ少なかれ不可避的に民間人被害をもたらす。しかしながら、そもそもの目的に照らせば、無辜の人命の救助が、他の無辜の人命の損失を伴わざるをえないのは、より一層問題含みである。

とはいえ、軍事介入に踏み切らないことの代価も決して生易しいものではない。例えばルワンダでは、一九九〇年より生じていた内戦が一九九四年四月に激化し、わずか数ヶ月間で一〇〇万人近くの犠牲者を出す壮絶なジェノサイドを引き起こした（同一六頁）。当時ルワンダに展開していた国連PKOは、ジェノサイドを止めるどころか、隊員への被害を恐れて規模を約一〇分の一に削減する有様だった（国連安保理決議九一二）。こうして、国際社会は現地で起きている事態をなすがままにまかせ、フランス軍を中心とする多国籍軍の軍事介入（「トルコ石作戦」）をきっかけに内戦が終結するまで、有効な手立てを打とうとはしなかった。

ここでは、人道的危機に対する応答が一種のジレンマに陥っている。その状況を言い表すと、次のようになる。

C_1：軍事介入することから生じる無辜の市民の犠牲
C_2：軍事介入しないことから生じる無辜の市民の犠牲

私たちは一方で、C_2を阻止するために軍事介入を行うなら、多かれ少なかれC_1を覚悟せざるをえない。他方で、C_1を回避するために軍事介入を行わないなら、人権侵害の継続によるC_2を覚悟せざるをえない。〈善行原理〉はC_2を阻止することを要請し、逆に〈無危害原理〉

NATO軍による誤爆で自宅を破壊されたセルビア共和国の女性（AFP＝時事）

はC_1を回避することを要請する。そこで、どちらかを選ばざるをえないとすれば、人道介入主義者は〈善行原理〉を優先して、C_1の回避ではなくC_2の阻止を選択し、逆に平和主義者は〈無危害原理〉を優先して、C_2の阻止ではなくC_1の回避を選択する。

確かに、「救わねばならない」という戒律と「殺してはならない」という戒律は、どちらも基本的な道徳原則であり、どちらも簡単には放棄できない。しかし問題の本質は、一方で軍事介入の場合、後者を否定せずには前者を肯定できないこと、他方で非暴力の場合、前者を否定せずには後者を肯定できないことである。人道介入主義に見られる理論的逆説は、このように「人道」的「介入」という言葉が、一種の自家撞着《どうちゃく》をはらんでいるという点にある。

二重結果説・再論

人道介入主義者にとって、ジレンマを解決する方法がひとつある。すなわち、第二章第3

節で紹介した二重結果説を用いることで、〈無危害原理〉のハードルを下げることだ。再確認すると、「二重結果説」とは、ある行為によって生み出される悪い結果が、同時に生み出される善い結果の意図せざる副産物にすぎないならば、そうした悪い結果を生み出す行為も免責されうるというものである（本書五五頁）。意図した殺人と意図しない殺人の道徳的地位は異なる。確かにC_1の発生は不幸な出来事である。しかし、それはC_2を阻止するという善き意図を追求した結果の不幸な「付帯被害」であって、それゆえ免責の対象になりうる。

実際、人道介入主義者からは、軍事介入に伴う誤爆について、それが正当な軍事目標を狙ったうえでのやむをえない被害なのだとの弁明もあった。例えば、コソボ介入で空爆を指揮したある司令官は、「爆弾で巻き添えが起きないと考えるのは非現実的だ。高高度からの空爆では、風や天候に左右され、レーザー誘導でも誤爆は起きる」と言っている（『朝日新聞』一九九九年六月十六日付）。コソボ介入は、決して無辜のセルビア人の犠牲を目指して行ったわけではない。あくまでもその目的は、迫害されているアルバニア系住民の保護である。武力を用いる以上、その過程で多少の付帯被害が生じても仕方ないではないか、というわけである。

しかし、同時に指摘したいことは、もし人道介入主義者が二重結果説を用いて、C_1を伴う行為を免責するなら、その方法は逆説的に、軍事介入に反対する平和主義者の立場も強化しうるということである。理屈はこうだ。平和主義者は、軍事介入を控えることによって、C_2を意図しているわけではない。平和主義者の直接的意図はあくまでも、C_1を回避するということである。確かに、非暴力を貫く結果、ジェノサイドは止まず、犠牲者は増加するかもしれない。しかしそれは、二重結果説の言葉を借用すれば、平和主義者にとって（予見できるが）意図せざる結果である。そして私たちは、意図せざる結果に対してまで罪責を負う必要はない。

それゆえ、二重結果説を用いて、軍事介入の悪い結果を弁明しようとする人道介入主義者のねらいは失敗する。なぜなら、二重結果説はまったく同様に、非暴力の悪い結果を弁明することも含意するからである。人道介入主義者は、C_1を生み出す軍事介入の免責を求める一方、C_2を放置する非暴力の咎を責め立てるが、それはお門違いというものだ。なぜなら、両者の構造はまったく似通っていて、一方が有責であるなら他方も有責であり、一方が免責されるなら他方も免責されるに違いないからだ。先述したように（本書五七頁）、そもそも二重結果説は、それ自体かなり問題含みの考えである。しかしそれを差し置くとしても、二重結果説を用いることで、人道介入主義者が望むような結論だけが得られるわけではない。

3　善きサマリア人の義務

以上見たように、人道介入主義と平和主義のあいだの原則的違いは、救命を要請する〈善行原理〉と殺人を禁止する〈無危害原理〉のどちらを優先するかという点である。人道介入主義者は、〈無危害原理〉のハードルを下げるために二重結果説に訴えるが、それはあまり説得的とはいえない。なぜなら、たとえ二重結果説が妥当だとしても、それは同時に〈善行原理〉のハードルを下げることも含意するからだ（二重結果説のこうした適用範囲の幅広さは、ひるがえって、それがいかに論者の都合に合わせて濫用されやすいかを物語っている）。したがって、もし平和主義者に対して自己の正当性を主張したければ、人道介入主義者は二重結果説以外の論拠を見つける必要がある。

善きサマリア人の法

人道介入主義者にとって、人道的介入のジレンマを解決する方法がもうひとつある。すなわち、その状況や行為遂行能力に焦点を当て、善きサマリア人の法という聖書（ルカによる福音書一〇・二五～三七）由来の考え方に訴えることである。一例を挙げよう――上空の飛行機内で、「お客様のなかにお医者様はいらっしゃいませんか?」というアナウンスが流れる場面を想像してほしい。心臓発作にかかった急病人がいるが、機内には専門医がおらず、乗り合わせた歯科医が救助を申し出たが、結局救助に成功しなかった。だからといって、歯科医の善意を糾弾するのは間違いだ。失敗を恐れて誰も手立てを尽くさなければ、いずれにしても急病人は亡くなってしまっていただろう。

「善きサマリア人の法」とは、こうした緊急事態において、誠実かつ利他的に他人を救う最大限の手当てを行った場合、たとえそれが失敗したとしても、失敗の罪責を負う必要はないという考え方である。もしこの法理が存在しないと、緊急時の手当てによって急病人に不利益が生じた場合、歯科医の行為は褒められるどころか、処罰や訴訟の対象にさえなりかねない。その場合、善意の人間を法律的・道徳的に保護する仕組みが必要になる。例えばわが国の場合、民法第六九八条にある「緊急事務管理」規定が当てはまるが、アメリカやカナダの州法では、善きサマリア人の法が明文化されている場合も多い。

人道介入主義者は、この法理を用いることで、〈無危害原理〉のハードルを下げようとする。人道介入主義者が軍事介入の結果として犠牲を生んだこと（C_2）と、平和主義者が非暴力の結果として犠牲を生んだこと（C_1）は、やはり決定的に異なる。なぜなら、人道介入主義者は不完全ながらも、やるだけのことはやったからだ。C_2を阻止するためにC_1を生んでしまった人道介入主義者は、いわば急病人を助けるために手立てを尽くした誠実な歯科医である。ところで、歯科医が最大限の努力をした結果、やむをえず急病人の死に関与してしまったとしても、その行為は免責される。それゆえ同様に、善きサマリア人の法に基づけば、C_2を伴う行為が免責されるかどうかはともかく、少なくともC_1を伴う行為は免責の対象になりうる。

それにひきかえ、平和主義者は失敗を恐れて何の努力も果たさない臆病者だ。ひょっとしたら救えたかもしれない命をみすみす放置しているのだ。その意味では、C_1を伴う軍事介入よりも、C_2を伴う非暴力の方がより罪深い。ともかく人道介入主義者は、極限状況のなかで最善を尽くした。それに対して平和主義者は、助けられる命をただ見殺しにしたことについて、説明責任を果たすべきである。

作為／不作為の区別

しかし、以上の議論に平和主義者は納得しないだろう。逆に平和主義者は、作為／不作為の区別を用いることで、〈善行原理〉のハードルを下げようとする。確かに、平和主義者は緊急時に積極的手立てを尽くさず、急病人が亡くなるままにまかせた。しかし、それには相応の理由がある。その理由は、何もしないという選択肢が消極的不作為に留まる一方、手当てをするという選択肢は積極的作為であるからだ。確かに結果としては同じかもしれないが、それでも作為は物事の因果関係を変化させる。不作為により急病人が亡くなるのは急病の結果だが、作為により急病人が亡くなるのは歯科医の手当ての結果かもしれない。そう考えると、私たちは、不作為の結果については罪責を負えないが、作為の結果については罪責を負いうるし、負うべきである。

（この区別が、前節で検討した二重結果説とは別物であることに注意されたい。というのも、二重結果説が、意図の有無という内面的性質を問題にしているのに対して、作為／不作為の区別は、行為の有無という外面的性質を問題にしているからだ。明確な殺意をもたずに殺人を犯すこと――例えば、過失致死の場合――はありうるし、逆に明確な殺意をもって殺人を犯さないこと――例えば、不作為犯の場合――もありうる。）

作為／不作為の区別がよく引き合いに出されるのは、安楽死の文脈である。一方で、生存の見込みのない患者に対して、薬物を投与するなどして、医者がその死期を直接的に早めること（積極的安楽死）については、わが国も含め多くの国で認められていない。他方で、同じ患者に対して、延命治療を中断することにより、医者がその死期を間接的に早めること（消極的安楽死）については、通常医療処置上違法とまではいえない。なぜ後者は認められるのに前者は認められないのか。その有力な答えは、後者の消極的安楽死が、「死ぬにまかせる」という不作為の範囲に留まるのに対して、前者の積極的安楽死は、「殺す」という作為の一線を越えてしまっているからだ、というものである。

人道的介入の場合に照らすと、介入主体にとって、C_1は作為の結果であり、C_2は不作為の結果である。そして、作為は不作為よりも罪責が重い。そこで、緊急時のやむをえない選択としては、C_1を避けてC_2を選ぶ方がまだましである。こうして平和主義者は、人道介入主義者とまったく逆の結論を引き出す。軍事介入するという作為は、その付帯被害として、C_1を因果的に引き起こしている。それに対して、軍事介入しないという不作為は、それ自体C_2の因果的原因になっているわけではない。それゆえ、作為／不作為の区別に基づけば、C_1を伴う作為が免責されるかどうかはともかく、少なくともC_2を伴う不作為は免責の対象になりうる。

まとめると、人道介入主義者が訴える善きサマリア人の法は、緊急時に不作為よりも作為を勧め、逆に平和主義者が訴える作為／不作為の区別は、緊急時に作為よりも不作為を勧める。これらのうちどちらが適切だろうか。私見では、この点では平和主義者の方が分が悪い。明白な問題は、不作為もまた一種の作為なのではないかということだ。何もしないという決断は、それでも一種の決断であり、決して選択それ自体の回避ではない。例えば、医者が患者に対して延命治療を中断すること（消極的安楽死）は、それでも医学的知見に基づく医療処置の一種であり、あえていえば、そこで医者は「死ぬにまかせる」という作為を行ったのだ。このように、作為／不作為の境界線は、実はかなり人工的であり恣意的である。

〈善行原理〉の有責条件

いずれにせよ、善きサマリア人の法に照らし合わせても、C_1を避けてC_2を選んだ平和主義者が、C_2について罪責を負うべきかどうかは別問題である。なぜならこの法理は、殺人を禁止する〈無危害原理〉の免責条件を示しているのであって、救命を要請する〈善行原理〉の有責条件を示しているのではないからだ。飛行機に乗り合わせた歯科医が急病人を助けることは、確かに親切で尊いが、歯科医の義務とまではいえない。その意味で、急病人を助ける行為は、もしあったとしても不完全義務の範囲に留まる。「不完全義務」とは、完全義務と違い、履行しなくても罰せられない、選択の余地を残した自発的義務である。人道的介入の場合に照らすと、確かにルワンダの悲劇は決して起きるべきではなかったが、その悲劇を阻止しなかったことについて、特定の国家がその罪を帰せられる理由はない。

とはいえ、ある場合にはより強く、〈善行原理〉の有責条件を示すことができるかもしれない。例えば、もし飛行機にたまたま心臓病の専門医が乗り合わせていたとしたら、その専門医は心臓発作にかかった急病人を救う積極的義務があるといってもよいだろう。専門医は歯科医と違い、適切な治療を施す知識と経験を備えているからである。義務の範囲は、行為者の遂行能力によって伸び縮みする。以上の点を踏まえると、介入の能力をもつ大国は、不完全義務以上の積極的義務を負うことになる。ルワンダの悲劇に対して、中米の平和主義国コスタリカが何らかの積極的義務を負っていたかどうかは疑問である。しかし安保理常任理事国のような大国の場合は違う。大国はいわば、飛行機に乗り合わせた専門医のようなものだ。大国がその場合に他人の苦境に見て見ぬふりをするなら、その本来の能力に応じて、義務違反の咎を責められても仕方がない。

しかしそれをいうなら、〈善行原理〉の対象は、何も国内・民族紛争の場合に限られない。例えば天災や飢饉《ききん》の場合にも、他人の苦境に見て見ぬふりをするなら、その本来の能力に応じて、義務違反の咎を責められても仕方がない。ところでショッキングな数値であるが、国連開発計画の統計によれば、「非衛生的な水と粗悪な衛生設備が原因で死亡する子どもの数は年間一八〇万人に上り、武力紛争の犠牲者数をはるかに上回っている」という（『人間開発報告書二〇〇六』四頁）。一方で、ルワンダのジェノサイドによる犠牲者数は一〇〇万人近くにのぼるといわれるが、他方で、清浄水不足による犠牲者数は毎年その数を大幅に上回る。リクールが言うように、「苦しみが義務を生み出す」とするならば（本書一八三頁）、大国はいずれにしても軍事介入の前にやるべきことがあるはずである。

もちろんだからといって、人道介入主義者を責めているわけではない。なぜなら、ジェノサイドの問題に取り組むことと並行して、清浄水不足の問題に取り組むことはまったく矛盾しないからである。しかしなお、冒頭で述べた人道的危機の緊急性は、ある程度相対化される。ジェノサイドによる犠牲は決して起きるべきではなかったが、清浄水不足による犠牲も決して起きるべきではなかったのだ。人道的危機に心を痛める人道介入主義者が、国内・民族紛争のような事例ばかりに焦点を当てるのは、首尾一貫した態度には思われない。一層重要なことは、こうした（よりありふれた）人道的危機に対処するために、私たちが〈無危害原理〉を棚上げしてまで、軍隊を保持する「普通の国」になる必要はないということである。

4　非軍事介入のすすめ

以上見てきたように、人道的理由のための軍事介入という人道介入主義の論理構成は、その原理原則を突き詰めていくと、実はそれほど強力なものではない。なぜならそれは、救命を要請する〈善行原理〉と殺人を禁止する〈無危害原理〉が衝突する、一種のジレンマをはらまざるをえないからだ。少なくとも義務論者の平和主義の観点からは、このジレンマが生じることこそ、人道的介入に反対する最大の理由である。前節までは、人道介入主義者がこのジレンマを解決すべく、〈無危害原理〉のハードルを下げるための幾つかのアイデアを提案していることを取り上げた。しかしそれらは、平和主義者にとって必ずしも納得のいくものではなかった。

しかし本節では、議論を進めるため、ともかくいったん〈無危害原理〉のハードルを下げることに同意しよう。例えば、「最大多数の最大幸福」を善とする純粋な帰結主義者（本書三八頁、第三章）であれば、犠牲者の総数について$C_2 \vee C_1$が成立するならば、軍事介入に賛成するだろう。今や、私たちは何らかの理由で、〈無危害原理〉よりも〈善行原理〉を優先し、他国で生じている人道的危機に対して手立てを尽くすことに心を決めた。しかし依然として、〈善行原理〉に邁進することには実践的理由から幾つかの留保をつけざるをえない。そしてその留保は反転して、人道的危機に対する平和主義者の処方箋を示すための手がかりになるはずだ。

国際法との齟齬

なぜ〈善行原理〉に邁進することが実践的に問題含みなのか。それは、同原理への忠誠それ自体が、遵法精神と必ずしも相容れないからである。実のところ、当事国からの同意を得ない軍事介入は、その明確な国際法上の根拠をもっていない。国連憲章で認められた武力行使の余地は、「国際の平和及び安全の維持又は回復」のための強制措置（第七章第四二条、安保理の承認を必要とする）か、あるいは個別的・集団的自衛権の行使（第五一条）の二つしかない。近年の人道的介入は、憲章第七章に基づく強制措置とされることが多いが、それもまだ慣例化しているわけではない。コソボ介入のような、そもそも国連の承認を経ない一方的措置はいわんやである。人道的介入は、現行の国際法に照らすなら、違法とまではいかなくとも、超法規的な性格を多分にもち合わせている。

その理由は、戦後の国連体制が、内政干渉を排除し国家主権を維持するという原則を基礎にしているからである。実際、国連憲章では、「本質上いずれかの国の国内管轄権内にある事項に干渉する権限を国際連合に与えるものではなく」（第二条七）として内政不干渉原則が確認されており、これが長らく人道的介入の制約要因となってきた。確かに同条項には、「この原則は、第七章に基く強制措置の適用を妨げるものではない」との但し書きがあるが、先述したように、そもそもコソボ介入には、強制措置に必要な安保理決議の後ろ盾すらない。また、当時の反対国だった中国とロシアが拒否権をもつことを考えると、たとえ決議を試みても、介入に法的根拠を与えるのは非常に難しかっただろう。

しかし、人道介入主義者に言わせれば、だからといって人権侵害を座視してよいことにはならない。現行の国際法は完全ではなく瑕疵を含みうるのだから、〈善行原理〉というまっとうな理由があれば、その法文に固執する必要は必ずしもない。例えば、「コソボに関する独立国際委員会」は、コソボ介入の正当性について詳細に検討した結果、「NATOの軍事介入は違法だが正当だった」との結論を下した（The Independent International Commission on Kosovo, *The Kosovo Report*, p. 4）。こうして、コソボ紛争への介入は、介入国が国際法にとらわれず、自国の良心に従って軍事行動をとることの前例になったのだ。

しかし問題は、国連に代わるより上位の権威がないなかで、介入国の良心の正しさと真正さを誰が判定できるかという点である。もしそれが自己申告によるほかないのだとしたら、そしてその是非について第三国はおろか当事国の異論反論も受け付けないのだとしたら、人道介入主義者は介入国の善意を、あまりにも単純に信頼しすぎているように見える。例えば、基本的に人道介入主義に共感的だった当時のアナン国連事務総長も、国連の承認を経ないNATO軍のコソボ介入については、「明確な基準がないまま介入するという危険な先例になりはしないか」と懸念を表明している（『朝日新聞』一九九九年九月二十一日付）。

回顧的に見れば、「違法だが正当な」コソボ介入を断行したという前例は、その後のイラク戦争（二〇〇三年）のような、アメリカの国連を軽視した単独行動主義とまったく無縁だといえるだろうか。もちろん、国際法の権威は常に盤石だったわけではない。しかし、冷戦が終結し米ソ対立が解消された一九九〇年代以降は、国連中心主義の復権にとってまたとない機会だったはずである。それが今日、かくも国連の軽視を招いているのは一体なぜだろうか。こうしてみると、いかに高貴な義務感から発するものとはいえ、実定法の明確な裏づけなしに軍事介入を繰り返すことの代償は、国際的な法の支配という観点からはきわめて大きいように思われる。

暴力の再生産

次に、平和主義者にとって〈善行原理〉に邁進することの実践的問題は、結局のところ人道的介入もまた、暴力の一変種にすぎないという単純素朴な事実から来ている。この意味では、戦争一般に向けられる帰結主義者の懸念（本書八〇頁以下）が、人道的介入についてもそのまま当てはまる。すなわち、人道的理由であれ何であれ、暴力がさらなる暴力を呼び込みやすいという普遍的事実からは逃れられないのだ。なぜなら、暴力を加えられた怒りは、いつかどこかで対抗暴力を誘発するからである。例えばこれが、コソボ介入において空爆の結果、地上で生じたことだった。

そこで、人道的介入がもたらすより長期的な可能性は、暴力手段を常態化させ、暴力に暴力で相対するという文化を醸成してしまうことである。もちろん、軍事介入が一時的にさらなる暴力を抑止することはありうる。しかしなお、それが世界に暴力の数をひとつ増やし、暴力を蓄積させたという事実は変わらない。現状と比較するかぎり、人道的介入はあくまでも暴力の加算であって、暴力の減算ではない。ドイツ出身の哲学者H・アーレントは、「暴力の実践は、あらゆる行為と同様に、世界を変えるが、しかし最も起こりやすい変化は、世界がより暴力的になることである」と言っている（『暴力について』一六八頁）。介入終結後、逆にセルビア人を標的とする暴力が増加したといわれるコソボの状況に鑑みると、人道的介入の実践がこの教訓から免れているようには思われない。

もちろん、原理的な絶対平和主義者でないかぎり、ありとあらゆる暴力手段を否定するというわけにはいかない。例えば、強盗の現場に踏み込んだ警察官が、人質救助のため強盗犯を射殺してしまうこともありうる。しかしなお、そこで生じた殺人はひとつの悲劇であり、救済ではない。暴力に対して暴力で対峙せざるをえない状況は悲劇的であり、国内社会と同様、国際社会においても、私たちはそうした状況それ自体を回避するよう努めなければならない。人道的介入を悲劇の一種ではなく救済の一種のように考えてしまうことは、人道介入主義者が陥りやすい罠《わな》である。

非軍事介入の思想と実践

以上のように、たとえ〈善行原理〉を追求したうえでの、真正の利他的行動であったとしても、軍事介入は万能薬ではなく、それなりの欠点を伴うものである。しかし、現実に人権侵害は生じている。平和主義者が原理原則を振りかざすだけで、人道的危機をただ黙って座視するなら、無責任な一国平和主義とのそしりを免れないだろう。現在生じている人道的危機に対して、非暴力の範囲で何らかの実践的代替案を示せるだろうか。ここでは最後に、〈無危害原理〉を優先しながらも〈善行原理〉に最大限応答するために提案しうる、平和主義者なりの非暴力戦略について考えてみたい。

はじめにいえることは、人権侵害を阻止するために、戦争を開始する必要は必ずしもないということである。実際、国連憲章でも、強制措置として軍事的措置と並んで非軍事的措置による問題解決を規定している(第七章第四一条)。例えば、国連安保理や国連総会による非難決議や調停交渉、海外資産の凍結などの制裁措置が挙げられるだろう。実際、国際社会は南アフリカのアパルトヘイト政策に対して、制裁と粘り強い説得の結果、成果を上げることができた。また、独裁者に第三国への出国を認めたり、恩赦を認めたりすることもありうる。加えて、赤十字国際委員会や国境なき医師団などの国際組織・NGOによる活動が、人権侵害の緩和にあたって効果を発揮するだろう。近年では、現地での同行や当事者間への「割り込み」などによって紛争のレベルを下げる非暴力平和隊の取り組みも注目されている。

中長期的に必要なことは、暴力の使用レベルを下げるための世界的軍縮である。結局のところ、問題解決にあたり軍事介入が必要となる理由は、相手が軍事力を備えているからである。そしてその軍事力は、それぞれ通常兵器輸出世界シェアの三割を占めるアメリカとロシアを筆頭として、国外の大国が提供しているのだ（ストックホルム国際平和研究所『SIPRI年鑑二〇〇六』五〇二頁以下）。もちろん、軍縮が進んだ世界でも、ときに人権侵害は起こりうる。それは、国内社会で突発的な殺人が根絶できないのと同じことである。しかしなお、市民が銃剣の携帯を禁じられた社会で起きる殺人と、市民がマシンガンをもつことを許された社会で起きる殺人は異なる。ともかく紛争当事者に武器をもたせないことが、その第一歩になるはずである。

非軍事介入の利点は、ちょうど軍事介入の欠点を裏返したものである。第一に、非軍事介入は（たとえ善意から発するとしても）大国の単独行動主義を諫《いさ》め、国際的な法の支配の実現に向けて一役買うだろう。それは国連憲章の武力不行使原則と矛盾せず、また介入主体の多様化を促進するからである。法を尊重しない武装した暴漢は恐ろしいが、法を尊重しない武装した警察官も同様に恐ろしい。第二に、非軍事介入は中長期的に、暴力に暴力で対峙する現今の文化を改めることに寄与するだろう。実際、今現在軍縮を進めることは、将来の人道的危機に対する直接的かつきわめて効果的な介入策となる。大国はこれ以上、はじめに武器を提供しておいて次に軍事介入するような、不誠実な振る舞いを続けるべきではない。

加えて、平和優先主義者が戦争と警察を区別していたことを思い出すと（本書二二頁以下）、国際的な警察活動に準じた国連PKOの取り組みを、非軍事介入に含めることができるかもしれない。国内の警察活動になぞらえれば、その類比の要点とは、第一に法の執行の一環であること、第二に紛争当事者間で中立的であること、第三に最小限の武器携帯とすること、第四に国際司法機関との連携をより密にすることである。こうしたタイプの活動であれば、先に挙げた軍事介入の欠点を補いつつ、現地で平和維持や人権保護を推進できるだろう。事実、伝統的なPKOは以上のタイプに比較的近く、これまで多くの成果を挙げてきた。この場合、国内社会の政府と同様の国際的「正統性」を、国連がどの程度得られるかが決定的である。

とはいえ、非軍事介入を軍事介入にとって代わる万能薬と考えてはならない。軍事介入に固有の悲劇があるように、非軍事介入にも固有の悲劇がある。人道介入主義者にとって明白な問題は、それが邪悪な意志をもった悪人をただちに阻止するのに、役立つ保証がないということだ。その場合の犠牲が自分ではなく他人であるがゆえに、非暴力に固執することの葛藤はより一層大きくなる。しかしながら、無批判に平和主義に飛びつくことができないように、無批判に人道介入主義に飛びつくこともできない。一九九〇年代前半に国連PKOの拡大を推進したガリ事務総長が、試行錯誤の末『平和への課題・追補』（一九九五年）を発表して、伝統的なPKOへの回帰を訴えるに至った経緯（表3）を、私たちは今一度振り返る必要がある。

人道的危機は終わっていない

人道的危機についての話を見聞きして、身震いを覚えない人はいないだろう。その物語はあまりにも残酷で、私たちの良心の痛みを強く刺激する。人道介入主義が私たちにとってかくも説得的なのは、それが私たちの直観に訴えかけるからだ。しかし問題は、「人道的」介入がはたして論理と実態を伴ったものであるかどうか――あるいは、それが形容詞抜きのただの「介入」になっていないかどうか――という点である。人道的危機を深く憂慮する私たちは、そうであるからこそ人道介入主義者の言い分を尊重するとともに、厳しく精査しなければならない。

人道介入主義者の言い分を精査するということは、私たち自身の直観に挑戦するということだ。しかしそれが、古典古代以来の哲学の役割だったのではないだろうか。直観を棚上げすることは、現実に対する淡白で冷淡な態度と見られるかもしれない。しかし哲学とは本来、良かれ悪しかれ、こうして議論を――ときに常識的反発を招きながらも――進むところまで進めてみることなのだ。とはいえ、政治哲学者が現実に無関心であってよいわけではない。

むしろ、いったんはその詳細に分け入らねばならない。とりわけ、人道的危機のような非理想状態の問題に取り組む場合、現実を無視した思弁に耽ることは、私見では政治哲学の適切な姿ではない（拙稿「規範理論における『現実』の位置づけ」）。

今世紀に入ってからも、国内・民族紛争は世界各地で続いている。スーダンのダルフール地方では、二〇〇三年頃から民族対立も絡んだ政府と反政府系組織の内戦が生じ、三〇万人ともいわれるジェノサイドの犠牲が生じている。国際社会は国連PKOの派遣など、様々な手段でこの事態に対応しようとしているが、まだ問題が収束するには至っていない。中東のシリアでは、二〇一一年から続く騒乱状態にあって、アサド大統領の政府軍が、反政府運動に参加する市民を迫害し、虐殺している。シリアで一般市民を攻撃しているのは、大統領の命令を受けた政府軍である。これはまた、軍隊で国民を守れない場合があることを、これ以上ないほど明白に示している。

私たちの住む世界は平和な場所ではない。まだ人道的危機は終わっていない。平和主義を含むすべての国際関係学説に解決の手立てが求められている。人道介入主義者はその解決の有力な手がかりを示しているが、唯一の手がかりではない。本章で示したことは、それと並んで平和主義者に相応《ふさわ》しい代替案もありうるということだった。わが国の国力に見合った責任ある国際貢献に向けて論議を進める際には、「普通の国」を目指して拙速に欧米諸国と足並みを揃えようとする前に、非暴力戦略を含む複数のオプションがあることを認識することが肝要である。それはまた、今後わが国が平和主義を国是とし続けるかどうかの試金石ともなるに違いない。

終章　結論と展望

本書ではこれまで、国際関係の指針として、平和主義がどのような妥当性を備えているかを検討してきた。はじめに、そこで検討してきたことを簡単に概観しておこう。第一章では、平和主義の大まかな傾向として、より実存的・宗教的・革命的な性質をもつ「絶対平和主義」と、より実利的・世俗的・改良的な性質をもつ「平和優先主義」の区別を紹介するとともに、本書の主な焦点を後者の方に置いた。第二章と第三章では、平和主義者が戦争に反対する論拠を、義務論の観点および帰結主義の観点から検討した。第一に義務論者の平和主義は、正当防衛を含む一定の状況下では戦争の殺人を免責する余地を認めるが、にもかかわらず戦争の殺人それ自体が罪悪であり続けることを私たちに思い出させる。第二に帰結主義者の平和主義は、たとえ戦争に絶対反対でなくとも、大半の戦争が国民の利益に繋がらず、合理的にみて擁護できないことを強調する。

続いて、第四章から第六章までは、国際関係論における非平和主義を検討の俎上《そじょう》に載せ、平和主義と非平和主義の相互の妥当性について検討してきた。正戦論者に反して、平和主義者は自衛戦争を金科玉条とせず、原理的観点（自衛戦争は国民を守るか？）、実践的観点（自衛／侵略を正しく判別できるか？）からその原則を再検討に付す。現実主義者に反して、平和主義者は国家行動の目標は安全保障一辺倒ではないこと、またたとえ安全保障が最重要だとしても、軍事力に頼ることがその最善の策とは限らないことを主張する。人道介入主義に反して、平和主義者は軍事介入に性急に走ることに原理的・実践的留保を付し、代わりに非軍事介入を推奨する。以上の検討から、現在支配的な国際関係論の諸学説に対して、その代替案になりうる平和主義の輪郭を提示した。

筆者の主張

以上を踏まえて、筆者の結論とは、自由主義・功利主義・社会主義をルーツとし、十九世紀以降発展してきた平和優先主義のタイプが、国際関係の指針として魅力的かつ説得的な代替案になりうるということである。それは直観的に、義務論や帰結主義といった私たちの身近な感覚の延長線上として、非暴力の教えを位置づけている。また論理的にも、暴力の例外的使用の余地を残しつつ、非暴力手段をあくまで原則とすべきだとの首尾一貫した理由を挙げることができる。さらに実践的にも、市民的防衛や非軍事介入といった、具体的な非暴力戦略を提案する余地を備えている。

この種の平和主義は、二世紀を経た今日でも意義をもちうるだろうか。筆者は然《しか》りと考える。その際のキーポイントは、「国内的な変革が国際的な協調に繫がる」という平和優先主義者のアイデアにある。戦争状態とは、何らかの国内的な原因が生み出す症状の一種であり、原因の除去とともに自然と収まるものだ。加えて、国内条件を変革しうる可能性は、国際条件を変革しうる可能性よりもはるかに高い。私たちは、たとえ必ずしも十分な民主制度を備えていなくても、国内政治に向けて発言し、討論し、批判し、賛成し、投票することができる。これらの一つひとつが、国際的な平和を達成するための一歩だとしたらどうだろうか。平和主義の思想や実践は、はるかに身近で実現可能なものに見えてくるのではないか。筆者はこうした変革可能性を備えた平和主義を、「民主的平和主義」と呼びたい。

（無論これは、「民主主義のための戦争」という発想とは正反対である。民主的平和主義の要諦は、平和の基本的条件とは国内から生まれるのであり、国外からやって来るわけではないということだ。）

振り返れば、民主的平和主義のアイデアは本書の様々な箇所と反響している。第二章で取り上げた、戦争責任の所在に関する分析は、従来の戦争において政府と国民のあいだに深い非対称性があることを示唆している。第三章で取り上げた、エラスムス、ベンサム、コブデン、ラッセルといった帰結主義者は、啓蒙活動や民主主義の促進を平和の鍵と見なしている。第四章で取り上げたポンソンビーらの認識論的平和主義者は、政府の用いる戦争プロパガンダを鋭く見抜く国民の批判意識に期待をかける。第五章で取り上げた、冷戦の終結に関する構成主義者の分析は、国内的な体制改革と国際的な緊張緩和が、いかに密接に関連しているかを示している。最後に、これまで本書で何度か触れた民主管理同盟の取り組みは、このアイデアの実践例として評価することができる。以上が、これまでの検討を経て本書が辿り着いた、筆者なりの着地点である。

民主的平和主義の現在

近代市民革命の先駆けとなった、アメリカ独立革命の思想的指導者T・ペインの次の言葉が、民主的平和主義の核心を的確に要約している（『人間の権利』一八八頁）。

戦争は古い構造にもとづく政府の制度なのであるから、諸国民がお互い同士いだいていいる敵意なるものは、その制度の精神を維持しようとて、それぞれの政府の政策が煽り立てるものであるにほかならない。いずこの国の政府も、それぞれ自国の人びとの想像力をかき立て、国民を煽って戦争へと駆り立てる方法として、相手方の背信、陰謀、野望を非難してみせる。人は、政府の誤った制度の媒介による以外、人の敵となることはない。したがって、……国民の知恵は制度の改革に向けられねばならない。

一冊を割いて明らかにしてきたわりには、ずいぶん平凡で見慣れた主張だと思われるかもしれない。第一章第4節で若干触れたように、国内・国際世論に過度の信頼を寄せることは、すでにE・H・カーのような現実主義者によって徹底的に批判されてきた。また、現代の構造的現実主義者のように、国内体制の特徴が国際関係に重要な影響を与えることはないとの指摘もある。実際、――ここからはやや専門家向けの話になるが――K・ウォルツが一九五九年に批判した、戦争原因をめぐるいわゆる第二イメージ論は、本書で取り上げた平和優先主義のリスト（本書三〇頁以下）と大幅に重複している（Waltz, *Man, the State and War*, chs. 4-5)。ウォルツはここから、国内体制ではなく国際システムを焦点とする第三イメージ論の構築に向かったのだ。ひょっとすると筆者は、今さら国際関係論の振り出しに戻って、とうの昔に論駁された命題を相も変わらず繰り返しているだけなのではないか。

しかし、民主主義の国内的促進が国際的平和をもたらすというアイデアは、現在一部の国際政治学者によっても熱心に研究されている。B・ラセットやM・ドイルらが唱えている、「民主国同士は戦争をしない」という民主的平和論の主張はその一例である。とりわけ、近年の民主的平和論では、言論の自由や選挙、政党間競争といった民主主義の制度的要件が、国内的には政治家に説明責任を課し、国外的には政策情報の確実性を高めるという、いわゆる「観衆費用」効果に関して研究が進んでいる。またこれらの論者とは一線を画すが、J・スナイダーなど一部の現実主義者のあいだにも、対外政策決定要因として民主主義を含む国内体制の影響に注目する議論がある（Snyder, *Myths of Empire*）。ここまでは主に研究者に向けた意見だが、今後の平和主義研究は、これらの実証的知見も参照しながら、一層分野横断的に進められる必要がある。

また以上のアイデアは、私たち日本人にとってとりわけ馴染みがある。なぜなら、民主主義と平和主義を一体的に結合させることこそ、まさに戦後憲法が目指してきたことだからである。思い出してみると、わが国の憲法前文は次のように始まる――「日本国民は、正当に選挙された国会における代表者を通じて行動し、われらとわれらの子孫のために、諸国民との協和による成果と、わが国全土にわたつて自由のもたらす恵沢を確保し、政府の行為によつて再び戦争の惨禍が起ることのないやうにすることを決意し、ここに主権が国民に存することを宣言し、この憲法を確定する」（傍点筆者）。実のところ、この前文の主張自体、戦後日本独自の発明品というわけではない。それは原型をエラスムスにさかのぼる（本書九〇頁）、民主的平和主義の伝統の先端に位置づけられるものなのだ。

しかも、民主主義を取り巻く環境は、昨今大きく変化している。既存のメディアに加え、インターネットや携帯電話の普及によって、市民相互の情報伝達や情報共有が技術的に容易になり、草の根レベルでの政治参加の新回路が形成されつつあるからだ。実際、二〇一〇年末から連鎖的に続いている中東・北アフリカ諸国の民主化運動にあたっては、ソーシャル・ネットワーキング・サービス（SNS）等の新たな情報メディアの存在が大きな影響力を発揮したといわれる。国内を見渡しても、貿易政策やエネルギー政策のような個別イシューをめぐって、市民レベルでの活発な意識形成が進んでいる。私たちは今後、対外政策についても、政府の言動を民主的に管理する、国境をも越えた二十一世紀型の大同盟の誕生を期待できるかもしれない。

「民主主義は最悪の政体である。ただし……」

もちろん、民主主義は万能薬ではない。対外政策への民意の反映は、戦争を抑止しないどころか、場合によっては促進する可能性すらある。実際、民主主義がナショナリズムとセットになって、好戦性を高めた事例は数多くある。旧体制を打倒した革命フランスは、やがてナポレオンに率いられてヨーロッパ随一の戦争国家になった。第一次世界大戦時、民主管理同盟の忠告を一顧だにせず、熱狂的に戦争に賛同するイギリス国民の姿を目の当たりにして、ラッセルが人間の衝動的性質を再考せざるをえなくなったことも想起される（本書八四頁）。また周知のように、自由と民主主義を建国神話にもつ国アメリカは、第二次世界大戦後もっとも多くの戦争に関与してきた。外交官出身の現実主義者G・ケナンが、「国民というものは政府より合理的であるとは限らない」と言って（『アメリカ外交50年』九二頁）、世論への過剰な期待を懸念するのも、あながち根拠のないことではない。

しかしながら、民主主義それ自体が正解の保証にならないことは、対外政策の問題に限らず、一般的にいえることである。経済・福祉・教育その他あらゆる政治的決定に関しても、民意はときに間違った方向に向かうことがあるだろう。しかしそれでも、イギリスの元首相W・チャーチルが反意的に名づけた、この「最悪の政体」に希望の光を託す以外にないというのが、これまでの長い政治的経験から人類が得た教訓なのではないだろうか。もちろんそのためには、かつての民主管理同盟が課題としたような、現実の分析や将来の予測に関する不断の啓蒙活動が必要となる。とはいえその活動は、近年の情報メディアの革新などを反映して、権威が一方的に事情を解説するというよりは、市民同士が水平的に情報を伝達・共有し合うような形態になることが期待される。

それでも、筆者の見方はまだ楽観的すぎるかもしれない。とりわけ対外政策に関して、熱しやすくまた移ろいやすい世論にそれほど信が置けないとするならば、一定の指針をあらかじめ憲法上で規定し、立憲的制約を加えるという考え方にも一理ある（長谷部《はせべ》恭男《やすお》『憲法と平和を問いなおす』一五二頁以下）。しかし他方で、国民的論議を永遠に封印したままで、その条文をただ凍結させるだけならば、護憲派にとっても自己欺瞞を生み出すもとになってしまう（井上達夫「九条削除論」）。時機の見極めは当然必要だが、最後には民意に決定の責任と覚悟を委ねるというのが、単なる手続き上の理由のみならず、理念的理由からも望ましい。というのも、戦争と平和の問題は、他の誰でもない国民自身の問題なのである。

原因療法としての平和主義

国際紛争を病状の一種として捉えると、平和主義者が提案する処方箋は、対症療法というよりも原因療法に近い。勢力均衡や集団安全保障などの処方箋は対症療法的である。即効性があり、効果が目に見えやすいが、病状を根本から治療できるかどうかは疑わしい。それに対して、予防措置が主となる原因療法が実を結ぶまでには、普通長い時間がかかる。医療現場と同じで、事態の深刻さに鑑みると、つい対症療法に頼りがちになってしまう。だからといって、現状に満足することができないならば、原因療法としての処方箋を完全に手放してしまうわけにはいかないだろう。

とくに、現在のわが国の状況に即していうと、目下の懸案事項は次の二点である。第一に、日米安保体制のもと、わが国にも多大な影響力をもつアメリカの対外政策に対して、日本を含む国際世論が何を言えるかという問題である。第二に、中国その他、潜在的紛争要因を抱える近隣諸国において、国内的民主化がどの程度進むかという問題である。民主的平和主義は、決して現実との対話を欠いた予言的楽観論であってはならない。むしろそれは、勢力均衡や集団安全保障などと並んで、今後の私たちが戦争を回避し平和を構築していくために、歴史上の先人から学びうる知恵のひとつなのだ。

いずれにせよ、その他の処方箋と同様に、現時点で平和主義の処方箋が完全から程遠いことは事実である。戦争の廃絶と平和の実現は、学説や立場を超えた人類共通の悲願である。その悲願がいつか達成されるまでは、それが何であれ、戦争と平和の思想は不完全のまま留まり続けるだろう。私たちは完全を目指すために、今ある知識を結集し、総動員させなければならない。おそらく、平和主義者は今後より一層オープンに、非平和主義の知恵を借りる必要があるだろう。しかし平和主義者はまた、非平和主義者に対しても、同じ姿勢で平和主義の言い分に耳を傾けてくれることを望むのである。

今世紀に入り、平和主義者と非平和主義者の双方には、より憂慮すべき共通の論敵がいる。すなわち、二期八年間にわたりブッシュ政権を支えていた新保守主義者（ネオコン）のようなタカ派好戦論者である。イラク戦争を開始する同政権に対して、正戦論者と現実主義者が、正義と安全保障というそれぞれの立脚点から、見識ある批判を行っていたことは前述した（本書一三三、一四九頁）。戦争一般の暴力に反対する平和主義者もまた、その列に加わることはいうまでもない。三者にとって真の政治的論敵は、お互いではなくその外側に控えている。当初の問題設定からは逸脱するが、本書全体の検討を通じて、平和主義と非平和主義の相違点だけでなく、以上のような共通点もあぶり出すことができたら、筆者にとって望外の収穫である。

政治哲学ができること、できないこと

はじめに触れたように、本書は全体を通じて、国際関係の指針となりうる平和主義のあり方を、政治哲学の観点から検討してきた。そこで最後に、その意義および限界について確認して本書を締めることにしたい。

筆者が考える哲学的アプローチの重要な特徴は、論理性を重視した論証に沿って議論を進めることである。哲学の世界において、問いに対する答えの真偽は、結論それ自体ではなく、

結論に至るまでの議論の健全性と妥当性にかかっている。聞き心地の良い間違った結論と、耳障りだが正しい結論があるならば、哲学者は後者を選ぶべきだろう。イギリスの哲学者J・ロックが言うように、「議論こそは真理を広める唯一の正しい方法なのであり、強力な議論と立派な推論とがやさしく、丁重に、正しく用いられることほど、真理を広めるのによい方法はないのです」（「寛容についての書簡」三六四頁）。

その意味で本書は、平和主義あるいは非平和主義という特定の結論を、一足飛びで読者に推奨するものではない。そもそも戦争と平和をめぐる論争が、本書のような小著によって収束するなら、それが今日までかくも長きにわたって続いてきたはずがない。本書で行ってきたことは、論争の継続であって、論争の決着ではない。哲学の役割はアジテーションではなく、議論の構造を明らかにし、その論理の力を確かめることである。科学的説明と同様に、哲学的議論もまた、反証のリスクを喜んで引き受けなければならない——しかしどうか、反証は議論の良し悪しを標的とするものであってほしい。もちろん筆者には筆者なりの議論の着地点があるが（それは先ほど述べた）、道筋はほかにも無数に広がっている。

ここに、民主的平和主義と並ぶ、もうひとつの民主主義的含意がある。すなわち、平和主義を含むある政治体の根本原理は、国民自身によって判断が下されるべきだということだ。もちろん選択をする前には、その選択肢について十分な説明がなされる必要がある。本書が主に行ってきたのはその点だった。すなわち、一国が平和主義あるいは逆に非平和主義を採用するとは、正確にいってどういうことなのか。筆者の考える政治哲学は、自分の人生哲学を開陳するための場所ではない（し、いずれにしても私にその器量はない）。それはより広い意味で民主主義に資するためのもの、例えばメディア上で出来事の説明を行う解説者と同様に、自国の基本政策を決断するにあたって、政治的・社会的なある種のインフォームド・コンセントを促進するためのものである。

残念ながら、現在のところは、そうした理性的判断の条件が十分に備わっているとはいえない。まずは頭ごなしに拒絶するのではなく、議論する相手と同じ土俵に上ってみることが、第一歩となる。本書では、文字どおりの対話形式ではないけれども、平和主義者がどう主張し、それに非平和主義者がどう応答するか（またはその逆）を常に念頭に置きながら、筆を進めてきた。どちらの側により説得力を感じるかは、読者の方々次第である。読後感として、平和主義の魅力を再確認する場合もありうるし、逆にだからやはり平和主義はだめなのだと考える場合も当然ありうる。ともあれ重要な点は、平和主義者と非平和主義者が、単なる好き嫌いの次元を超えて、その理由を相互に説明できる議論の土俵を共有することである。

最後に、平和主義者でもあったアメリカの哲学者W・ジェイムズの言葉を借りることで、本書を閉じたい（「戦争の道徳的等価物」一一八頁）。

平和主義者は、軍国主義者の審美的・道徳的な見地にもっと深く踏み込んでいくべきである。どんな論争においても、最初は相手の見地に踏みこんで、そのあと論点を移していけば相手もついてくるだろう、とJ・J・チャップマンはいう。たとえば熱の科学的な代替物として電気を挙げるように、反軍国主義者は、戦争の規律的な役割に代わるもの、つまり適切な行為とは何なのかを別のやり方で教える道徳的等価物を提案しないかぎり、いつになっても議論の非生産性を認識できない。そして実際に、たいていはそのことを見落としているのである。

あとがき

本書を執筆するさなか、二〇一二年九月に出張で中国の上海を訪れる機会があった。おりしも、野田政権による尖閣諸島国有化から一〇日も経たない頃であり、現地では反日デモが連日続いていたため、身の安全を危惧しながらの渡航だった。幸い思ったより平穏で、トラブルが生じることはなかったが、それでも街中を歩く際の、息を殺すような感覚はまだ忘れられない。現在、上海に長期在住する日本人は五万人に達するという。デモにおける一部破壊行為なども報道されるなか、在住者が過ごした毎日を思うと、国籍は違えども同じ場所で暮らす普通の一般市民同士が、なぜこれほど憎み、また憎まれなければならないのかと、やるせない気持ちになる。

突き詰めれば、平和主義の言い分は単純明快である。戦争と平和が自然の産物ではなく人間の所作である以上、私たちの手元には常に、戦うという選択肢と同様、戦わないという選択肢が存在するはずなのだ。しかしもちろん、どちらの選択肢を最終的に選ぶかは、ある程度は論理の問題であるが、ある程度は決断の問題である。何かを選ぶということは、代わりに何かを諦めるということだ。非平和主義の諸学説と同じくらい、平和主義は私たちに相応の責任と覚悟を求める。反戦平和を唱えたからといって、何か厄介な重荷を下ろしたかのように感じるのは誤りである。戦争と平和が人間の所作である以上、戦うという選択肢と戦わないという選択肢は、どこまでも私たちの手元に残り続ける。

実のところ、本書を書き終えても、私からその葛藤が消えたわけではない。平和な国の平和な時代に生まれ育った人間として、かつてない真の危機的状況を経験したとき、自分がどのような決断をするのか、正直にいえばまだ絶対的な確信がない。現段階での相対的な確信は、色々考えてみた結果、平和主義がそれでも魅力的な選択肢のひとつに違いないということである。その確信を保つためには、これからも絶えず自問自答を続けていくことになるだろう。今回その支えとなったのが、平和主義者と非平和主義者のあいだで交わされる仮想的な対話というアイデアである。今後はこの種の対話を、本書を手にとって下さった方々を含む、現実の人たちとともに一層広げていきたい。

本書が完成するまでには、多くの方々のご支援を頂いた。はじめに、中公新書の田中正敏さんに深く感謝を申し上げたい。田中さんは私が別の場所で書いた小論を読み、まとまった内容を執筆する機会をもちかけて下さった。漠然と書きたいことを貯め込み、暗中模索していた当時の私にとって、これはまさに光明だった。実のところ、平和主義と非平和主義の対話といった、本書の核となるアイデアも、田中さんとの打ち合わせのなかで得たものである。随処での的確なコメントも含め、その助けは本書の大半を形づくっている。

またある意味で、本書の完成まで一番長く関わって頂いたのが、学部生時代からの恩師である萩原能久先生である。先生は長らく政治哲学の観点から平和研究に携わり、また学生に対しても戦争と平和の問題について熱心に指導して下さった。恒例となっている夏休みの沖縄ゼミ合宿で、郷土の自然や文化、料理などを味わいながら、その歴史と現在についてゼミ員同士で議論を重ねたことも懐かしく思い出される。本書の構想は、個人的に長く温めてきたというよりは、唐突に降って湧いたようなものだが、その原点を辿っていくと、やはり萩原先生との出会いがなければ、到底ありえなかっただろう。

さらに、これまで様々な場面で、数多くの方々からの助けを賜った。とりわけ、M・シーゲル先生、有賀誠先生、長谷川博史先生、児玉聡さん、眞嶋俊造さん、大庭弘継さん、大澤津さん、白鳥潤一郎さん、舩越浩生さん、伊藤頌文さんには、本書の一部を読んで頂き、有益なコメントや文献紹介など、沢山の貴重なご教示を頂いた。ご高配に深く感謝申し上げたい。W・ジェイムズの引用については、菅原健史氏のブログから学ばせて頂いた。Political Philosophy研究会、現代規範理論研究会、南山大学社会倫理研究所懇話会、島根大学大学院教育学研究科中等社会科内容開発研究、慶應義塾大学大学院法学研究科プロジェクト科目に出席された方々からも、貴重なご意見・ご批判を頂いた。それぞれ発表の機会を設けて頂いたことに深謝したい。もちろん、本書になお残る誤りについての責任は、ひとえに筆者にある。

なお、本書は基本的に書き下ろしだが、部分的に既刊の拙稿を用いている。第一章の大部分は、「平和主義の実践的可能性」宇野重規・井上彰・山崎望編『実践する政治哲学』（ナカニシヤ出版、二〇一二年）、一一九〜一四四頁をベースにした。第二章・第四章の一部は、「正戦論とパシフィズム」杉田敦編『守る――境界線とセキュリティの政治学』（風行社、二〇一一年）、二二七〜二五〇頁をベースにした。再掲を快く認めて下さった関係出版社に感謝申し上げる。

最後に、常によき助言者であり、また最愛の伴侶である妻智恵に、日頃からの感謝を込めて本書を捧げたい。

二〇一三年一月

松元雅和

読書案内

本文中で引用・参照したものも含め、各章のより詳しい内容について、主に邦語でまとまって読めるものを挙げておく。

第一章

平和主義の思想や実践に関する概観としては、**憲法研究所『平和思想史』**（法律文化社、一九六四年）、**田畑忍編『近現代世界の平和思想——非戦・平和・人権思想の源流とその発展』**（ミネルヴァ書房、一九九六年）、**M・カーランスキー『非暴力——武器を持たない闘士たち』**（小林朋則訳、ランダムハウス講談社、二〇〇七年）、**千葉眞編『平和の政治思想史』**（おうふう、二〇〇九年）が有益である。また、平和主義に特化しているわけではないが、政治思想における「平和」の位相について概観したものとして、**中谷猛編『政治思想と平和』**（昭和堂、一九八八年）、**日本政治学会編「特集　政治思想史における平和の問題」**『年報政治学』一九九二（一九九二年十二月）も参照。

トルストイの平和主義思想については、**「イワンのばかとそのふたりの兄弟」**『トルストイ民話集　イワンのばか他八篇』（中村白葉訳、岩波文庫、一九六六年）が、そのエッセンスをユーモラスに描いていてお勧めである。また、彼の国家・宗教観を展開した重要論文「わが信仰はいずれにありや」「神の王国は汝らのうちにあり」は、いずれも『トルストイ全集一五　宗教論下』（中村融訳、河出書房新社、一九七四年）に収録されている。二次文献としては、藤沼貴『トルストイ』（第三文明社、二〇〇九年）を参照した。

　ラッセルの平和主義思想については、第二次世界大戦前のものとして「社会改造の諸原理」『世界の大思想二六』（市井三郎訳、河出書房新社、一九六六年）、戦後のものとして『常識と核戦争——原水爆戦争はいかにして防ぐか』（飯島宗享訳、理想社、一九五九年）、『人類に未来はあるか』（日高一輝訳、理想社、一九六二年）を参照。また金子光男『ラッセル倫理思想研究』（酒井書店、一九七四年）では、平和主義を含むラッセルの政治・社会思想が包括的に紹介されている。

「愛する人が襲われたら」批判については、J・H・ヨーダー『愛する人が襲われたら？——非暴力平和主義の回答』（棚瀬多喜雄訳、新教出版社、一九九八年）を参照。ほかにも、神学者の平和主義論は参考になるものが多いのだが、さしあたりT・マートン『平和への情熱——トマス・マートンの平和論』（木鎌安雄訳、女子パウロ会、二〇〇二年）、R・J・サイダー『平和つくりの道』（棚瀬多喜雄編、棚瀬江里哉共訳、いのちのことば社、二〇〇四年）、W・ウィンク『イエスと非暴力——第三の道』（志村真訳、新教出版社、二〇〇六年）を挙げておく。

　絶対平和主義と平和優先主義の区別については、**M. Ceadel, "Pacifism and *Pacificism*,"** in T. Ball and R. Bellamy eds., *The Cambridge History of Twentieth-Century Political Thought* (Cambridge: Cambridge University

Press, 2003）が簡潔に説明している。平和優先主義の歴史的概観としては、M・ハワード『戦争と知識人――ルネッサンスから現代へ』（奥村房夫他訳、原書房、一九八二年）、F・H・ヒンズリー『権力と平和の模索――国際関係史の理論と現実』第一部（佐藤恭三訳で『専修法学論集』第七〇号以降、『専修大学法学研究所所報』第二四号、『専修大学法学研究所紀要　政治学の諸問題Ⅵ』第二九号に邦訳の分割連載あり）、A・J・P・テイラー『トラブルメーカーズ――イギリスの外交政策に反対した人々一七九二―一九三九』（真壁広道訳、法政大学出版局、二〇〇二年）を参照。また批判的観点からだが、E・H・カー『危機の二十年――理想と現実』（原彬久訳、岩波文庫、二〇一一年）は、平和優先主義の性質や議論を的確に要約している。

第二章

義務論（カント主義）、帰結主義（功利主義）、両者の区別、「暴走する路面電車」のケースについては、もはや定番となったM・サンデル『これからの「正義」の話をしよう――いまを生き延びるための哲学』（鬼澤忍訳、ハヤカワ文庫、二〇一一年）が使いやすい。カントの義務論については『道徳形而上学原論』（篠田英雄訳、岩波文庫、一九七六年）、カントの平和主義については『永遠平和のために』（宇都宮芳明訳、岩波文庫、一九八五年）を参照。これら二冊については、他の訳本もあるので好みに応じて用いればよいだろう。

戦争における〈無危害原理〉の棚上げという問題は、大変重要だと思うのだが、わが国での検討はまだ十分に進んでいないのが現状である。さしあたり、加藤尚武『戦争倫理学』（ちくま新書、二〇〇三年）や三浦俊彦『戦争論理学――あの原爆投下を考える六二問』（二見書房、二〇〇八年）の該当する記述を参照。T・ネーゲル「戦争と大量虐殺」『コウモリであるとはどのようなことか』（永井均訳、勁草書房、一九八九年）も、この問題を考えるうえでの基本文献である。加えて英語文献に取り組む意欲のある方には、**R. Norman, *Ethics, Killing and War*** (Cambridge: Cambridge University Press, 1995)、**J. McMahan, *Killing in War*** (Oxford: Clarendon Press, 2009) の二冊をお勧めする。また内容的には、以下の第六章で紹介する、生命医療倫理学がカバーする範囲とかなり重複している。

非戦闘員保護の原則については、**眞嶋俊造『民間人保護の倫理――戦争における道徳の探求』**（北海道大学出版会、二〇一〇年）が正戦論の議論を参照しつつ、包括的に検討している。二重結果説については、**M・E・ブラットマン『意図と行為――合理性、計画、実践的推論』**（門脇俊介・高橋久一郎訳、産業図書、一九九四年）第一〇章が戦争の事例を用いた擁護論を展開している。筆者自身は、二重結果説について「ダブル・エフェクトの原理――正戦論における適用とその問題」『倫理学年報』第六〇集（二〇一一年三月）で、また兵士の責任の問題について「正戦論とパシフィズム」杉田敦編『守る――境界線とセキュリティの政治学』（風行社、二〇一一年）で、それぞれより詳しく論じた。

殺人を禁止する原則の感覚的な重みについては、**D・グロスマン『戦争における「人殺し」の心理学』**（安原和見訳、ちくま学芸文庫、二〇〇四年）の研究が秀逸である。

第三章

帰結主義・功利主義については、倫理学の教科書を紐解けば無数にあるが、最近のまとまった紹介として、児玉聡『功利主義入門――はじめての倫理学』（ちくま新書、二〇一二年）がある。

エラスムスの平和主義思想は、『平和の訴え』（箕輪三郎訳、岩波文庫、一九六一年）、「戦争は体験しない者にこそ快し」『人類の知的遺産二三』（二宮敬編、講談社、一九八四年）でまとまって読める。ベンサムとコブデンの平和主義思想については、まだ邦訳が進んでいないなか、それぞれ松本博一「ベンサムの国際政治思想とその時代」『国際関係思想史研究』（三省堂、一九九二年）、山下重一「ジェレミイ・ベンサムの永久平和論」『國學院法學』第四六巻第一号（二〇〇八年七月）、D・ピック「コブデンの戦争批評」『戦争の機械――近代における殺戮の合理化』（小澤正人訳、法政大学出版局、一九九八年）、竹内幸雄「自由貿易の帝国主義とコブデン主義」『自由主義とイギリス帝国――スミスの時代からイラク戦争まで』（ミネルヴァ書房、二〇一一年）が貴重な研究である。ラッセルについては第一章を参照。

コストの問題については、P・ポースト『戦争の経済学』（山形浩生訳、バジリコ、二〇〇七年）による多面的分析が興味深い。とくに今世紀のアメリカにおける軍産複合体の実態については、W・D・ハートゥング『ブッシュの戦争株式会社――テロとの戦いでぼろ儲けする悪い奴ら！』（杉浦茂樹・池村千秋・小林由香利訳、阪急コミュニケーションズ、二〇〇四年）、J・E・スティグリッツ／L・ビルムズ『世界を不幸にするアメリカの戦争経済――イラク戦費三兆ドルの衝撃』（楡井浩一訳、徳間書店、二〇〇八年）を参照。
N・エンジェルの『大いなる幻影』には、『現代戦争論――兵力と国利の関係』（安部磯雄訳、博文館、一九一二年）という翻訳があるが、現在読むには古すぎるか。エンジェルやJ・M・ケインズを含むイギリスの平和優先主義者たちについては、D・ロング／P・ウィルソン編『危機の二〇年と思想家たち――戦間期理想主義の再評価』（宮本盛太郎・関静雄監訳、ミネルヴァ書房、二〇〇二年）での紹介が充実している。

第四章
正戦論の全般については、山内進編『「正しい戦争」という思想』（勁草書房、二〇〇六年）、M・ウォルツァー『正しい戦争と不正な戦争』（萩原能久監訳、風行社、二〇〇八年）、同『戦争を論ずる――正戦のモラル・リアリティ』（駒村圭吾・鈴木正彦・松元雅和訳、風行社、二〇〇八年）を参照。正戦論の歴史については、古い本だがP・J・ヘルツォグ『戦争と正義』（小林珍雄訳、創文社、一九五五年）、筒井若水『戦争と法　第二版』（東京大学出版会、一九七六年）がまとまっている。R・H・ベイントン『戦争・平和・キリスト者』（中村妙子訳、新教出版社、一九六三年）は、キリスト教を同根とする正戦論と平和主義がどのように交差しつつ分岐していったのか、双方の歴史的展開を見事に描き出している。
国内類推の全般については、H・スガナミ『国際社会論――国内類推と世界秩序構想』（臼杵英一訳、信山社、一九九四年）が有益である。国内類推の積極的評価についてはウォルツァー『正しい戦争と不正な戦争』第四章を、消極的評価についてはH・ブル「国際関係における社会とアナーキー」H・バターフィールド／M・ワイト編『国際関係理論の探究――英国学派のパラダイム』（佐藤誠他訳、日本経済評論社、二〇一〇年）を参照。ただし正確にいうと、正義や権利の観点から国内社会と国際社会を比較するウォルツァーと、秩序形成の観点から両社会を比較するブルのあいだには、評価以上に基本的な問題意識のズレがあるように思われる。この点については、H・ブル『国際社会論――アナーキカル・ソサイエティ』（臼杵英一訳、岩波書店、二〇〇〇年）第四章も参照。

正戦論の原理的問題について、より詳しくは前掲の拙稿「正戦論とパシフィズム」を参照。とりわけ、同時多発テロ事件以降の出来事を受けた正戦論の実践的見なおしとしては、藤原帰一『「正しい戦争」は本当にあるのか――論理としての平和主義』（ロッキング・オン、二〇〇三年）、D・コーネル『「理想」を擁護する――戦争・民主主義・政治闘争』（仲正昌樹監訳、作品社、二〇〇八年）、M・L＝バッハマン／A・ニーダーベルガー編『平和構築の思想――グローバル化の途上で考える』（舟場保之・御子柴善之監訳、梓出版社、二〇一一年）などの文献も啓発的である。戦争プロパガンダについてはA・モレリ『戦争プロパガンダ10の法則』（永田千奈訳、草思社、二〇〇二年）を、認識論的平和主義についてはA. G. Fiala, *Practical Pacifism* (New York: Algora Publishing, 2004) を参考にした。

R・ニーバーの平和主義批判については、R. Niebuhr, *Christianity and Power Politics* (New York: Archon Books, 1969) が一番まとまっているが、残念ながら未邦訳。入江昭『二十世紀の戦争と平和増補版』（東京大学出版会、二〇〇〇年）第四～六章では、ニーバー自身の変遷とともに、その裏面として、二十世紀前半の歴史をめぐる平和優先主義者の認識や対応も知ることができる。良心的兵役拒否については、阿部知二『良心的兵役拒否の思想』（岩波新書、一九六九年）が必読文献である。その他兵役拒否の是非に関して、筆者は基本的にM・ウォルツァー『義務に関する十一の試論――不服従、戦争、市民性』（山口晃訳、而立書房、一九九三年）の見解を踏襲している。

第五章

現実主義（リアリズム）思想については、『国際政治――恐怖と希望』（中公新書、一九六六年）を含む高坂正堯の著作を筆頭に挙げないわけにはいかない。また、それぞれポイントは異なるが、M・J・スミス『現実主義の国際政治思想――M・ウェーバーからH・キッシンジャーまで』（押村嵩他訳、垣内出版、一九九七年）、高柳先男『パワー・ポリティクス――その原型と変容　増補改訂版』（有信堂高文社、一九九九年）も参考にした。

古典的現実主義については、無論H・モーゲンソー『国際政治――権力と平和　新装版』（現代平和研究会訳、福村出版、一九九八年）、同『世界政治と国家理性』（鈴木成高・湯川宏訳、創文社、一九五四年）が中心になる。構造的現実主義については、国際政治学者の労により近年邦訳が急速に出揃ってきており、非専門家にとっても取り組みやすくなっている。K・ウォルツ『国際政治の理論』（河野勝・岡垣知子訳、勁草書房、二〇一〇年）、J・ミアシャイマー『大国政治の悲劇――米中は必ず衝突する！』(奥山真司訳、五月書房、二〇〇七年)、S・ウォルト『米国世界戦略の核心――世界は「アメリカン・パワー」を制御できるか？』(奥山真司訳、五月書房、二〇〇八年)などを参照。現実主義における理論構築と政策批判の関係については、篠原初枝「アメリカ国際政治学者の戦争批判――古典的リアリズムと構造的リアリズム」『思想』第一〇二〇号(二〇〇九年四月)が有益な分析を行っている。

安全保障のジレンマについては、B・ラセット『安全保障のジレンマ――核抑止・軍拡競争・軍備管理をめぐって』(鴨武彦訳、有斐閣、一九八四年)、土山實男『安全保障の国際政治学――焦りと傲り』(有斐閣、二〇〇四年)を参照。構成主義(コンストラクティヴィズム)については、他の学説との比較から信夫隆司『国際政治理論の系譜――ウォルツ、コヘイン、ウェントを中心として』(信山社、二〇〇四年)、須藤季夫『国家の対外行動』(東京大学出版会、二〇〇七年)、山田高敬・大矢根聡編『グローバル社会の国際関係論　新版』(有斐閣、二〇一一年)が詳しい。

非平和主義者からのもっとも徹底した「非暴力は無力」批判は、W・チャーチル「病理としての平和主義――米国の疑似プラクシスに関するノート」『アナキズム』第一一号(森川莫人訳、二〇〇八年十二月)で読める。市民的防衛の思想と実践について、より詳しくは宮田光雄『非武装国民抵抗の思想』(岩波新書、一九七一年)、G・シャープ『武器なき民衆の抵抗――その戦略論的アプローチ』(小松茂夫訳、れんが書房新社、一九七二年)、M・ランドル『市民的抵抗――非暴力行動の歴史・理論・展望』(石谷行・田口江司・寺島俊穂訳、新教出版社、二〇〇三年)、寺島俊穂『市民的不服従』(風行社、二〇〇四年）を参照。

第六章

一九九〇年代以降の国内・民族紛争の実態と人道的介入の実践については、はじめに最上敏樹『人道的介入――正義の武力行使はあるか』（岩波新書、二〇〇一年）が参照されるべきである。その他、事例研究やアプローチとしては広島市立大学広島平和研究所編『人道危機と国際介入――平和回復の処方箋』（有信堂高文社、二〇〇三年）、篠田英朗『平和構築と法の支配――国際平和活動の理論的・機能的分析』（創文社、二〇〇三年）、上野友也『戦争と人道支援――戦争の被災をめぐる人道の政治』（東北大学出版会、二〇一二年）も参考にした。

人道的介入のジレンマについては、生命医療倫理学における概念や議論を数多く借用した。〈無危害原理〉と〈善行原理〉の区別については、T・L・ビーチャム／J・F・チルドレス『生命医学倫理 第五版』（立木教夫・足立智孝監訳、麗澤大学出版会、二〇〇九年）第四～五章を参照。二重結果説や作為／不作為の区別については、加藤尚武・飯田亘之編『バイオエシックスの基礎――欧米の「生命倫理」論』（東海大学出版会、一九八八年）第三部、B・A・ブローディ編『生命倫理と道徳理論――医療倫理における道徳理論と道徳判断』（長島隆・尾崎恭一他訳、梓出版社、一九九七年）第二章、R・M・ヴィーチ『生命倫理学の基礎』（品川哲彦監訳、メディカ出版、二〇〇四年）第六章、H・クーゼ『生命の神聖性説批判』（飯田亘之他訳、東信堂、二〇〇六年）第二～三章、T・ホープ『医療倫理』

（児玉聡・赤林朗訳、岩波書店、二〇〇七年）第二章を参照。ちなみに、作為／不作為の区別に対する透徹した反論は、J・レイチェルズ『生命の終わり――安楽死と道徳』（加茂直樹監訳、晃洋書房、一九九一年）第七〜八章、同『倫理学に答えはあるか――ポスト・ヒューマニズムの視点から』（古牧徳生・次田憲和訳、世界思想社、二〇一一年）第二〜三章で展開されている。

人道介入主義の実践がもたらす正負の帰結については、N・チョムスキー『アメリカの「人道的」軍事主義――コソボの教訓』（益岡賢・大野裕・S・クープ訳、現代企画室、二〇〇二年）、S・タイラー『アメリカの正義の裏側――コソヴォ紛争のその後』（佐原徹哉訳、平凡社、二〇〇四年）、J・ブリクモン『人道的帝国主義――民主国家アメリカの偽善と反戦平和運動の実像』（菊地昌実訳、新評論、二〇一一年）を参照。国際社会における法の支配については、最上敏樹『国際立憲主義の時代』（岩波書店、二〇〇七年）、R・フォーク『21世紀の国際法秩序――ポスト・ウェストファリアへの展望』（川崎孝子訳、東信堂、二〇一一年）が有益な視点を提示している。

終　章

民主的平和主義のアイデアについては、第一章で紹介した平和優先主義関連の文献が大幅に重なっているので、そちらを参照してほしい。その他、民主的平和論については、B・ラセット『パクス・デモクラティア――冷戦後世界への原理』（鴨武彦訳、東京大学出版会、一九九六年）を参照。いわゆる「民主主義のための戦争」ではない、国連等を通じた民主化支援の具体的方策について関心をもたれたら、杉浦功一『民主化支援――21世紀の国際関係とデモクラシーの交差』（法律文化社、二〇一〇年）、水田愼一『紛争後平和構築と民主主義』（国際書院、二〇一二年）の二冊が勧められる。戦後日本国憲法における民主主義と平和主義の関連については、千葉眞『「未完の革命」としての平和憲法――立憲主義思想史から考える』（岩波書店、二〇〇九年）が奥行きの深い分析を展開している。

政治哲学の方法とアプローチについては、D・レオポルド／M・スティアーズ編『政治理論入門――方法とアプローチ』（山岡龍一・松元雅和監訳、慶應義塾大学出版会、二〇一一年）、とくにそのうち第一～三章を参照。また、筆者自身も「現代政治理論の方法に関する一考察」『年報政治学』二〇一〇―I（二〇一〇年六月）で取り上げたので、もし関心がある方はご一読頂ければ幸いである。

引用文献

旧約聖書・新約聖書からの引用は『聖書――新共同訳』（日本聖書協会、二〇〇〇年）に、条約等の引用は奥脇直也編集代表『国際条約集二〇一〇年版』（有斐閣、二〇一〇年）に従った。

アウグスティヌス『神の国二』服部英次郎訳、岩波文庫、一九八二年
アウグスティヌス『神の国五』服部英次郎・藤本雄三訳、岩波文庫、一九九一年
アウグスティヌス「自由意志」『アウグスティヌス著作集三　初期哲学論集三』泉治典・原正幸訳、教文館、一九八九年
アーレント、H『暴力について――共和国の危機』山田正行訳、みすず書房、二〇〇〇年
イグナティエフ、M『人権の政治学』添谷育志・金田耕一訳、風行社、二〇〇六年
井上達夫「九条削除論――憲法論議の欺瞞を断つ」『論座』編集部編『リベラルからの反撃――アジア・靖国・9条』朝日選書、二〇〇六年
ヴァッテル「『国際法、すなわち諸国民と諸主権者の行動および事務に適用される自然法の諸原則』一」ヴァッテル研究会訳『立命館法学』第七二号、一九六七年
ヴァッテル「『国際法、すなわち諸国民と諸主権者の行動および事務に適用される自然法の諸原則』二」ヴァッテル研究会訳『立命館法学』第七三号、一九六七年
ウィトゲンシュタイン、L『論理哲学論考』野矢茂樹訳、岩波文庫、二〇〇三年
ウェーバー、M『職業としての政治』脇圭平訳、岩波文庫、一九八〇年
ウェント、A「国際政治における四つの社会学」『修道法学』三上貴教訳、第二五巻第一号、二〇〇二年九月
ウォルツ、K『国際政治の理論』河野勝・岡垣知子訳、勁草書房、二〇一〇年

ウォルツァー、M『正しい戦争と不正な戦争』萩原能久監訳、風行社、二〇〇八年
ウォルツァー、M『政治的に考える――マイケル・ウォルツァー論集』萩原能久・齋藤純一監訳、風行社、二〇一二年
エラスムス『平和の訴え』箕輪三郎訳、岩波文庫、一九六一年
エラスムス「戦争は体験しない者にこそ快し」『人類の知的遺産二三』二宮敬編、講談社、一九八四年
小沢一郎『日本改造計画』講談社、一九九三年
オバマ、B「正しい戦争、正しい平和」『オバマ演説集』三浦俊章編訳、岩波新書、二〇一〇年
カーランスキー、M『非暴力――武器を持たない闘士たち』小林朋則訳、ランダムハウス講談社、二〇〇七年
ガンディー、M『わたしの非暴力一』森本達雄訳、みすず書房、一九九七年
カント、I『道徳形而上学原論』篠田英雄訳、岩波文庫、一九六〇年
カント、I『人倫の形而上学 カント全集一一』樽井正義・池尾恭一訳、岩波書店、二〇〇二年
久野収「二つの平和主義」『久野収セレクション』岩波現代文庫、二〇一〇年
ケナン、G・F『アメリカ外交50年』近藤晋一・飯田藤次・有賀貞訳、岩波現代文庫、二〇〇〇年
小池政行『現代の戦争被害――ソマリアからイラクへ』岩波新書、二〇〇四年
国連開発計画『人間開発報告書二〇〇六――水危機神話を越えて：水資源をめぐる権力闘争と貧困、グローバルな課題』国際協力出版会、二〇〇七年
児玉聡『功利主義入門――はじめての倫理学』ちくま新書、二〇一二年
坂本義和『相対化の時代』岩波新書、一九九七年
サンデル、M『これからの「正義」の話をしよう――いまを生き延びるための哲学』鬼澤忍訳、ハヤカワ文庫、二〇一一年
ジェイムズ、W「戦争の道徳的等価物」『ウィリアム・ジェイムズ入門――賢く生きる哲学』本田理恵訳、日本教文社、一九九八年

シャープ、G『武器なき民衆の抵抗――その戦略論的アプローチ』小松茂夫訳、れんが書房新社、一九七二年
スアレス「戦争について」伊藤不二男『スアレスの国際法理論』伊藤不二男訳、有斐閣、一九五七年
鈴木基史『平和と安全保障』東京大学出版会、二〇〇七年
ズットナー、B・V『武器を捨てよ！上』ズットナー研究会訳、新日本出版社、二〇一一年
ストックホルム国際平和研究所『SIPRI年鑑二〇〇六――軍備、軍縮及び世界の安全保障』谷口雅樹監修、広島大学出版会、二〇〇七年
スミス、M・J『現実主義の国際政治思想』押村嵩他訳、垣内出版、一九九七年
セネカ『倫理書簡集II　セネカ哲学全集六』大芝芳弘訳、岩波書店、二〇〇六年
ソ連共産党『ソ連共産党（ボリシェビキ）歴史小教程』東方書店出版部訳、東方書店、一九七一年
第二バチカン公会議『公文書全集』南山大学監修、サンパウロ、一九八六年
高木八尺・末延三次・宮沢俊義編『人権宣言集』岩波文庫、一九五七年
堤未果『ルポ　貧困大国アメリカ』岩波新書、二〇〇八年
テイラー、A・J・P『トラブルメーカーズ――イギリスの外交政策に反対した人々一七九二―一九三九』真壁広道訳、法政大学出版局、二〇〇二年
トマス・アクィナス『神学大全一八』稲垣良典訳、創文社、一九八五年
トルストイ、L「わが信仰はいずれにありや」『トルストイ全集一五　宗教論下』中村融訳、河出書房新社、一九七四年
トルストイ、L「神の王国は汝らのうちにあり」『トルストイ全集一五　宗教論下』中村融訳、河出書房新社、一九七四年
ナイ・ジュニア、J・S／D・A・ウェルチ『国際紛争――理論と歴史　原書第八版』田中明彦・村田晃嗣訳、有斐閣、二〇一一年
ニーバー、R『基督教倫理』上與二郎訳、新教出版社、一九四九年

ニーバー、R／A・ダン「神は正義と平和とを望みたもう」R・ニーバー／平和教会継続委員会『キリスト者と戦争』竹林拙三訳、日本基督教協議会文書事業部、一九五九年
ビーチャム、T・L／J・F・チルドレス『生命医学倫理 第五版』立木教夫・足立智孝監訳、麗澤大学出版会、二〇〇九年
長谷部恭男『憲法と平和を問いなおす』ちくま新書、二〇〇四年
ビトリア「戦争の法について」『人類共通の法を求めて』佐々木孝訳、岩波書店、一九九三年
ピンダロス『祝勝歌集／断片選』内田次信訳、京都大学学術出版会、二〇〇一年
福田恆存「平和の理念」『福田恆存全集五』文藝春秋、一九八七年
ブラウン、L・R編『地球白書一九九九―二〇〇〇』浜中裕徳監訳、ダイヤモンド社、一九九九年
ペイン、T『人間の権利』西川正身訳、岩波文庫、一九七一年
ベンサム、J「道徳および立法の諸原理序説」『世界の名著49』山下重一訳、中央公論社、一九七九年
ホフマン、S『国境を超える義務――節度ある国際政治を求めて』最上敏樹訳、三省堂、一九八五年
マキアヴェッリ『君主論』河島英昭訳、岩波文庫、一九九八年
マキァヴェッリ『ディスコルシ――「ローマ史」論』永井三明訳、ちくま学芸文庫、二〇一一年
松元雅和「ダブル・エフェクトの原理――正戦論における適用とその問題」『倫理学年報』第六〇集、二〇一一年三月
松元雅和「政治哲学における実行可能性問題の検討」『政治思想研究』第一二号、二〇一二年五月
松元雅和「規範理論における『現実』の位置づけ――G・A・コーエンのロールズ批判を手がかりに」『社会思想史研究』第三六号、二〇一二年九月
丸山眞男「三たび平和について 第一章・第二章」『丸山眞男セレクション』杉田敦編、平凡社、二〇一〇年
ミル、J『商業擁護論』岡茂男訳、未來社、一九六五年
ムルホール、S／A・スウィフト『リベラル・コミュニタリアン論争』谷澤正嗣・飯島昇藏訳者代表、勁草書

房、二〇〇七年
最上敏樹『国連システムを超えて』岩波書店、一九九五年
モーゲンソー、H『世界政治と国家理性』鈴木成高・湯川宏訳、創文社、一九五四年
モーゲンソー、H『国際政治――権力と平和　新装版』現代平和研究会訳、福村出版、一九九八年
モレリ、A『戦争プロパガンダ10の法則』永田千奈訳、草思社、二〇〇二年
山川均『日本の再軍備』岩波新書、一九五二年
吉川直人・野口和彦編『国際関係理論』勁草書房、二〇〇六年
ヨーダー、J・H『愛する人が襲われたら?――非暴力平和主義の回答』棚瀬多喜雄訳、新教出版社、一九九八年
ラッセル、B『常識と核戦争――原水爆戦争はいかにして防ぐか』飯島宗享訳、理想社、一九五九年
ラッセル、B『人類に未来はあるか』日高一輝訳、理想社、一九六二年
ラッセル、B「社会改造の諸原理」『世界の大思想二六』市井三郎訳、河出書房新社、一九六六年
ラッセル、B『拝啓バートランド・ラッセル様――市民との往復書簡　宗教からセックスまで』日高一輝訳、講談社、一九七〇年
ラッセル、B『自伝的回想　新装版』中村秀吉訳、みすず書房、二〇〇二年
リクール、P「苦しみゆえの義務」E・ウィーゼル／川田順造編『介入?――人間の権利と国家の論理』藤原書店、一九九七年
ルソー『社会契約論』桑原武夫・前川貞次郎訳、岩波文庫、一九五四年
レーニン「社会主義と戦争」『レーニン全集二一』マルクス＝レーニン主義研究所訳、大月書店、一九五七年
ロック「寛容についての書簡」『世界の名著32』生松敬三訳、中央公論社、一九八〇年
渡辺京二『逝きし世の面影』平凡社、二〇〇五年

Bentham, J., "Principles of International Law," in J. Bowring ed., *The Works of Jeremy Bentham: Vol. II*, Edinburgh: William Tait, 1839

Ceadel, M., *Pacifism in Britain, 1914-1945: The Defining of a Faith*, Oxford: Clarendon Press, 1980

Cortright, D., *Peace: A History of Movements and Ideas*, Cambridge: Cambridge University Press, 2008

Institute for American Values, "What We're Fighting for," in J. B. Elshtain, *Just War against Terror: The Burden of American Power in a Violent World*, New York: Basic Books, 2004

Johnson, J. T., "The Just War Idea and the American Search for Peace," in G. Weigel and J. R. Langan, SJ eds., *The American Search for Peace: Moral Reasoning, Religious Hope, and National Security*, Washington, DC: Georgetown University Press, 1991

Mearsheimer, J. J. and S. M. Walt, "An Unnecessary War," *Foreign Policy*, January/February 2003

Narveson, J., "Pacifism: A Philosophical Analysis," *Ethics* 75/4, July 1965

Pettit, P., "Analytical Philosophy," in R. E. Goodin, P. Pettit and T. Pogge eds., *A Companion to Contemporary Political Philosophy: Volume I*, 2nd ed, Oxford: Blackwell, 2007

Snyder, J., *Myths of Empire: Domestic Politics and International Ambition*, Ithaca: Cornell University Press, 1991

The Independent International Commission on Kosovo, *The Kosovo Report: Conflict, International Response, Lessons Learned*, Oxford: Oxford University Press, 2000

Vattel, E. de, *The Law of Nations*, eds. B. Kapossy and R. Whatmore, Indianapolis: Liberty Fund, 2008

Waltz, K., *Man, the State, and War: A Theoretical Analysis*, with a New Preface, New York: Columbia University Press, 2001

［ＤＶＤ］『西部戦線異状なし　完全オリジナル版』監督：Ｌ・マイルストン、ユニバーサル映画、原作一九三〇年（ＧＮＢＦ—２０１６）